MANUEL MUSICAL

SOLFÉGE

VOCAL ET INSTRUMENTAL

POUR ENSEIGNEMENT .COLLECTIF OU PARTICULIER

PARIS. — IMPRIMERIE JULES LE CLERE ET Cⁱᵉ, RUE CASSETTE, 29.

MANUEL MUSICAL

SOLFÉGE

VOCAL OU INSTRUMENTAL

POUR ENSEIGNEMENT COLLECTIF OU PARTICULIER

COMPOSÉ EN VUE

DES SOCIÉTÉS ORPHÉONIQUES, COLLÉGES, LYCÉES, PENSIONS, ETC.

PAR

JUSTINIEN VIALLON

Professeur de composition de l'ex-Gymnase musical militaire, auteur de la *Science du compositeur* (6 livres et résumé)
Chevalier de l'Ordre de Charles III d'Espagne.

DÉDIÉ

A Mme ÉMILIE DEMESSIEUX	Mme J. HARDEL-VIALLON
SA NIÈCE	SA FILLE

PARIS

CHEZ L'AUTEUR	CHEZ TOUS LES ÉDITEURS
5, CITÉ BERGÈRE.	DE MUSIQUE.

1874

OUVRAGES DU MÊME AUTEUR

Traité d'Harmonie. 6 vol.	**Chez l'Auteur.**
Résumé harmonique. Abrégé du précédent ouvrage.	**id.**
Instrumentation et Orchestration.	**id.**
Le Mois de Marie. Oratorio. Soli et chœurs à trois voix.	**Aulognier.**
Magnificat pour trois voix d'hommes ou de femmes; accompagnement d'orgue.	**Régnier-Canaix.**
Magnificat. Grande partition autographiée.	**L'Auteur.**
Grande Offertoire à quatre mains.	**Régnier-Canaix.**
Six Offertoires sur des cantiques. 1re suite.	**id.**
— — 2e suite.	**id.**
— — 3e suite.	**id.**
Deux Noëls variés. 1re suite.	**id.**
— 2e suite.	**id.**
La Bonne Fête, chœur à deux voix, avec accompagnement d'harmonium ou de piano.	**id.**
Chœur facile à trois voix, avec musique militaire ou accompagnement de piano, composé pour la fête du R. P. Ollivaint, recteur du collége de l'Immaculée-Conception.	**id.**
Retraite en forêt (*). Scène orphéonique quatre voix et quatre instruments à pistons.	**Gambogi.**
Accompagnement de piano.	**Journal l'Orphéon.**
Barcarolle (*). Chœur à quatre voix.	**id.**
Le Myosotis (*). Chœur à quatre voix.	**id.**
Le Tirage au sort (*). Chœur à quatre voix.	**id.**
·Les Trois Pas. Polka.	**Soc. des Art. musiciens.**
La Meute. Quadrille à quatre voix pour les enfants.	**Gautrot.**
— arrangée pour moyenne fanfare.	**id.**
Fantaisie sur Norma. Piano et cor ou cornet à piston.	**Richault.**
La Meunière. Pas redoublé pour moyenne harmonie.	**Gautrot.**
Le Capitaine Henriot. Grande fantaisie trag. de l'Ouvert. (musique militaire.)	**id.**
Le Capitaine Henriot. Pas redoublé (chanson du reître), musique militaire.	**id.**
Grande fantaisie sur l'Africaine. Grande fanfare.	**id.**
La flûte enchantée (**). Pas redoublé pour fanfare.	**id.**
Grande fantaisie sur deux popularités (**) pour fanfare.	**id.**
Valencia (**), fantaisie pour fanfare.	**E. Cleret.**
Grande valse, (**) pour fanfare.	**id.**
Les trois Bretons, trois airs nationaux de Bretagne.	**Gambaro.**
Carillon et Tourbillon. Marche funèbre élégiaque.	
Sur les quatre notes du Carillon des morts, suivi d'une valse remémorative pour musique militaire.	**id.**
Pas redoublé, fantaisie.	**Gautrot.**
La Marseillaise.	**Journal l'Orphéon.**

POUR PARAITRE

Grand'Messe solennelle à trois voix (soprani ad libitum). *Kyrie, Gloria, Credo, Offertoire, Sanctus, Agnus, Domine salvum* avec orgue.

Grammaire générale de composition musicale.

Chœurs divers.

Motets. *O salutaris,* etc.

(*) Imposés et couronnés en concours d'excellence.
(**) Ces morceaux ont été imposés et couronnés en concours d'excellence de 1re et 2e division.

PRÉFACE ET INTRODUCTION

La préface n'est pas en crédit, surtout à une époque où le temps et l'espace se dévorent afin d'arriver plus vite aux satisfactions. Cependant il devait y avoir exception pour tout ce qui se rattache directement à l'enseignement. Ici, la préface, dans les limites de la discrétion, peut devenir un auxiliaire utile, une sorte de cicérone explicatif favorable à l'intelligence de l'œuvre. A ce titre on peut l'essayer, mais en la réduisant dans la mesure du possible au strict nécessaire, ce que nous tentons ici.

On a fait nombre de solféges, et, disons-le d'abord, on n'en saurait trop faire, dès que le recueil et la fantaisie y priment trop exclusivement la théorie et la méthode. Ici surtout, comme ailleurs, la théorie forme et — nous nous rangeons à cet avis général des princes de la science — doit former la base de l'enseignement; telle est, sur ce point, l'opinion de presque toutes les autorités. Les œuvres les plus sérieuses, les plus estimées, notamment les beaux solféges d'Italie et du Conservatoire de Paris, l'affirment suffisamment; c'est par la théorie que s'ouvrent les belles pages qu'on y rencontre. Que cette théorie s'y présente sous des formes surannées; un peu démodé, que le dogme y soit incomplet, parfois discutable, tout cela peut s'accorder, mais sans diminuer en rien le souvenir des services rendus, la gratitude et le respect que l'on doit aux travaux de ceux qui furent nos maîtres et nos initiateurs.

Ici, et si l'on cherche directement l'opinion dans le sein du professorat, il est facile de remarquer deux tendances contraires : l'une hostile aux principes jusqu'à l'exclusion, sous ce prétexte qu'il est difficile de les inculquer à l'enfance; l'autre, favorable à ces mêmes principes jusqu'à l'exagération, ce qui, de toutes manières, touche aux deux excès. En effet, on trouve non-seulement des théories sans solféges, mais, qui pis est, aussi des solféges sans théories; ce qui, dans tous les cas, est d'autant plus regrettable que l'œuvre est plus méritante. Entre ces deux extrèmes se place un milieu raisonnable, et lors même que ce moyen terme n'aurait d'autre objet que de fusionner les exagérations au bénéfice du plus grand nombre, le choix n'en saurait être douteux. Quant aux répugnances de l'enfance pour la doctrine, on a des raisons de croire qu'elles proviennent bien moins de la chose elle-même que de la manière dont on la présente. La doctrine, en musique surtout, est un topique qu'on ne doit prudemment administrer qu'à doses modérées, c'est pour cela que nous en divisons la matière en vingt-quatre parties ou études, après en avoir expérimenté l'efficacité sur toutes les aptitudes, même les plus faibles. Si l'assertion est exacte, le devoir portait à la mettre en pratique, ce qu'on s'est efforcé de faire ici, en fractionnant toujours, et en disposant toutes choses de manière à conduire sûrement, rapidement et facilement au but.

Lorsqu'il s'agit d'une œuvre publique, celle-ci doit avoir au moins la nouveauté et l'utilité pour excuse. Tout auteur consciencieux s'en pénètre et s'y prépare par des travaux rétrospectifs. Il importe de lire les œuvres de ceux qui nous ont précédés, non pour y saper sans merci ou y glaner sans vergogne, selon l'usage, mais bien pour échapper aux reflets involontaires ou n'édifier qu'avec ses propres idées. C'est sous l'influence de ce considérant. et parce qu'il est certain que rien n'a encore été tenté, ou du moins publié dans ce genre, que l'on s'est décidé pour un solfége à destinations multiples, ou de nature à servir également aux chanteurs et aux instrumentistes.

La tâche, ainsi réglée, ne pouvait manquer de soulever des difficultés d'exécution, difficultés que, dans l'intérêt de l'harmonie et de la mélodie, on s'est efforcé de tourner par l'emploi des moyens spéciaux, c'est-à-dire par le concours à peu près constant du contre-point renversable. Sous le couvert de cet expédient utile et de ses exigences, tout devient possible, y compris le choix des rôles et celui des timbres, si l'insuffisance des diapasons n'y fait pas obstacle. Quant au nombre des parties réalisantes, la raison et l'expérience devaient tout naturellement plaider en faveur de l'harmonie à deux et finalement l'imposer comme une limite convenable et bien suffisante de la notation. Le duo a l'avantage de la clarté et du relief, ce qui, par le découvert des parties, provoque ou stimule mieux l'attention des élèves, tout en facilitant la surveillance de la direction.

En parcourant le présent livre, il est aisé d'y remarquer, par le plan, l'ensemble et les détails, une répugnance évidente pour ce qui affecte l'imitation ou la réminiscence, ainsi qu'un penchant légitime pour ce qui a le caractère de l'utilité réelle. Dans cette voie, l'entraînement est facile. Il peut même conduire à l'exagération; mais, lorsqu'il s'agit d'une nouveauté profitable, pratique ou théorique, l'insistance devient souvent un devoir. C'est par cette raison que de grandes proportions ont été données aux exercices rhythmiques (p. 7-13, 75-103) et que certains points théoriques ont été si souvent rappelés.

Du reste, nul besoin de se laisser effrayer par l'étendue de ces mêmes exercices dès qu'on peut librement les réduire. Les supprimer tout à fait serait, au moins pour l'enseignement collectif, écarter l'un de ses auxiliaires les plus efficaces. L'élève que le rhythme n'embarrasse plus, peut à bon droit se considérer comme ayant vaincu l'une des difficultés capitales de la musique. Le chanteur n'a besoin que d'y ajouter l'intonation, travail dont l'intensité se réduit encore pour la presque totalité des instruments à sons fixes.

Comme on vient de le dire, toute la notation du présent solfége a été conçue de manière à se prêter à tous les amalgames, quelle que soit la nature des timbres accouplés, et aussi l'étendue des diapasons. On peut donc l'utiliser de toutes manières, soit isolément soit en masse, pourvu, dans tous les cas, que les instruments réunis soient de la même tonalité.

Pour les voix et la plupart des instruments, la notation s'exécute ou se lit tel que, c'est-à-dire sans octava; mais, pour quelques autres, les octava sont facultatifs, parfois nécessaires, et doivent ou peuvent se lire comme il suit :

FLUTE, octava sopra;

HAUBOIS, tel que, mais en reportant à l'octave supérieure les notes accidentellement écrites au-dessous du *si* grave, cas très-rare, surtout dans la partie supérieure du duo ;

CLARINETTE, tel que, et au besoin octava sopra, si l'on veut s'exercer dans les hautes régions de l'instrument ;

BASSON, octava bassa sur tous les points ;

VIOLON, tel que, ou octava sopra, s'il s'agit encore des régions élevées ;

PIANO, tel que; mais, si l'on joue à quatre mains, combinaison très-profitable et très-recommandable, on double la partie haute à l'octave supérieure, et la partie grave à l'octave inférieure. On peut cependant écarter les deux parties d'une octave, afin d'échapper aux gênes de quelques croisements passagers, à moins qu'on trouve plus commode d'enlever tout simplement l'une des deux mains, là même où s'effectue le croisement (v. D-E ci-dessous). Ainsi le fragment A ci-dessous, emprunté au n° 55 de la page 46 (mesures 8-9) serait lu ou joué de l'une des manières en B-E, à cause de l'enchevêtrement *a-a* :

Le style musical, admis ici comme partie essentielle de l'œuvre, contrairement aux usages suivis dans les ouvrages de ce genre, a été constamment pratiqué ou fixé sur tous les points, à l'aide des figures usuelles. On verra aussi que, pour les voix, le tout peut être à volonté, ou solfié ou vocalisé.

Cependant, et pour compléter le présent livre, on a pensé qu'il ne serait pas inutile de le précéder de quelques notions relatives, 1° aux instruments à archet, 2° à la nuance et à l'articulation pour tous les instruments, 3° au coup de langue pour les instruments à vent, notions que l'on s'est efforcé de parfaire en y ajoutant une série de tables, dans lesquelles se trouvent, pour ces derniers instruments, les principales manières de doigter chaque note (v. p. ix et suiv.). Ces tables, souvent publiées sous des formes capricieuses et compliquées, appelaient un remaniement. Nous l'avons essayé, en nous basant sur l'uniformité, la simplicité et la commodité, et, par acquit de conscience, en faisant contrôler tout minutieusement par les spécialistes les plus notables. A l'égard de quelques doigtés exceptionnels et des trilles (hors de cause ici, puisque le solfége n'en contient pas), on pourra consulter les excellentes tables de M. Triebert pour les instruments en bois, et notre précédent ouvrage pour les instruments en cuivre, quelle qu'en soit l'espèce (v. *Instrumentation et orchestration*, p. 96 et suiv.)

Notions sur la pose de l'instrument et sur celle des deux mains, pour le violon et la viole (*alto*).

Pose de l'instrument. Le côté du bouton (à l'opposé de la coquille) placé entre la clavicule gauche et le menton, celui-ci portant à gauche et très-près du *cordier* ou attache-cordes; la coquille (à l'opposé du bouton) maintenue, autant que possible, à la hauteur et en face du menton. Dans cette situation, la pression du menton, sans cependant porter sur le cordier, doit au besoin suffire pour maintenir l'instrument à peu près horizontal sans le secours de la main, d'où résulte, pour l'instrument, une inclinaison naturelle et nécessaire de gauche à droite.

Pose de la main gauche. Les deux côtés du manche placés, l'un sur le gras qui précède immédiatement la première jointure de l'index, l'autre sur la seconde jointure du pouce, ce qui, pour les deux doigts en regard, dessine une fourchette à deux branches inférieurement évidée, car il est toujours bon que le dos du manche n'appuie pas sur le tendon qui relie les deux doigts précités, et encore moins sur la paume de la main.

Les quatre doigts supérieurs (1), surtout l'index, repliés en forme de crochet à deux angles, de telle sorte que le bout de chaque doigt et l'ongle qui le termine soient un peu tournés du côté du chevalet, de manière à tomber perpendiculairement sur les cordes, ce qui exclut les ongles longs ou susceptibles de les entamer. Si, par suite de cette disposition, et sans trop grand effort, on peut placer les doigts comme en *a* ci-contre, et, à l'aide de l'archet, faire parler les notes deux à deux, comme on le figure en *b, c, d,* il y a quelques raisons de supposer la main gauche bien placée et ses doigts suffisamment longs. La main gauche doit pouvoir glisser facilement le long du manche, ce qui exclue toute pression du pouce. Ces déplacements de la main se nomment *positions*. On en compte sept principales. On les obtient en plaçant l'index de manière à ce qu'il y ait, en comptant d'une corde à vide quelconque:

---

* Les violonistes les numérotent de 1 à 4, en partant de l'index et sans y comprendre le pouce, probablement à cause de ses fonctions négatives.

TABLE DES MATIÈRES

1° Seconde min. ou maj. pour la position   1 (A)
2° Tierce   —   —   2 (B)
3° Quarte   —   —   3 (C)

Pose de la main droite. La baguette (du côté et près de la hausse) appuyée sur le côté droit du pouce, immédiatement au-dessus de la seconde jointure de ce doigt ; les quatre doigts supérieurs placés sur la baguette, à l'opposé du pouce, avec un peu de jour entre eux, de telle sorte que le pouce soit à peu près au-dessous des deux premiers. Dans cette situation, la seconde jointure de l'index se trouve croisée par la baguette, avec le bout du petit doigt pour contre-poids et le pouce pour appui. Le carpe (et ces trois doigts, par la pression que ces derniers peuvent exercer sur la baguette, constituent la partie essentielle ou active de la main droite. Le carpe (jointure du poignet) fonctionne à l'instar d'une charnière ayant pour objet, dans son jeu, de toujours maintenir l'archet à angle droit par rapport à la corde. Près du menton, le carpe décrit un angle saillant qui, peu à peu, se transforme en angle rentrant si l'archet se développe jusqu'à sa pointe.

L'archet, dans sa position régulière, incline toujours son bois du côté de la touche. Son développement total s'effectue entre les deux limites de son étendue ; mais, comme ce développement se réduit à volonté, il s'ensuit une foule de coups d'archet qu'il serait puéril de chercher à classer. On peut cependant les ramener à trois principaux, selon que, avec plus ou moins d'étendue, on procède de la pointe, du milieu ou du talon, c'est-à-dire du tiers supérieur, du tiers médiaire ou du tiers inférieur de la baguette. En général, soit en poussant, soit en tirant l'archet, l'attaque de la corde ne s'obtient convenablement que par un coup de poignet, c'est-à-dire une vive et courte oscillation de celui-ci. Cette sorte de mouvement fébrile, toujours articulé de droite à gauche, est parfois si rapide et si faible chez les bons exécutants, qu'on ne l'aperçoit qu'avec une suffisante attention.

Le précédent détail, pour le violon et la viole, s'applique également au violoncelle, à cela près des jambes de l'exécutant qu'il dispose en cerceau, afin d'y loger l'instrument (1). On peut même l'étendre à la contre-basse, au moins

---

* On réduit parfois la gêne de cette position à l'aide d'une cheville de deux ou trois décimètres de hauteur, que l'on visse à la suite du bouton qui reçoit la boucle du cordier, et sur le bout de laquelle on appuie l'instrument.

pour la main droite, car le manche, par son volume, oblige la main gauche à d'inévitables modifications digitales (v. la méthode de M. Duport pour le violoncelle, et la méthode de M. Verrimst pour la contre-basse).

Procédés élémentaires d'exécution, pour la nuance et l'articulation.

Pour l'exécution des précédentes notations, on procède comme il est spécifié ci-dessous, colonne de gauche pour les instruments à archet, colonne de droite pour les instruments à vent, c'est-à-dire que l'on doit, en général.

Pour A, et les analogues, attaquer énergiquement la corde par la totalité des crins, concurremment avec un coup de poignet suffisamment accentué, surtout en poussant la baguette; presser sensiblement et uniformément celle-ci par les doigts principaux (le pouce, l'index et le petit doigt), et la développer en maintenant ses crins assez près du chevalet (1) et en coupant toujours la corde à angle droit, sans secousse, sans oscillation, de telle sorte qu'une sonorité forte, égale et pure en soit toujours la conséquence;

Pour A, attaquer le son par un coup de langue suffisamment accentué, et le maintenir dans toute son intensité à l'aide d'une insufflation égale et forte;

Pour B, attaquer doucement la corde par la moitié ou par la totalité des crins, mais, dans ce dernier cas, en réduisant d'autant la pression de l'archet que l'on rapproche et maintient uniformément à petite distance de la touche (2); enfin

Pour B, attaquer le son par un coup de langue presque insensible, et le maintenir dans toute sa faiblesse à l'aide d'une insufflation également ménagée sous une même pression des lèvres;

---

* ⊔ ∨ signes employés par les violonistes, signifient *tirez, poussez*. Il eût été préférable de les réduire au premier employé ainsi : ⊔ ⊓, les pointes en haut pour le *tiré*, les pointes en bas pour le *poussé*.

(1) De 10 à 15 millimètres du chevalet, plus ou moins.

(2) De 10 à 15 millimètres de la touche, plus ou moins; on ne l'y porte tout à fait que lorsque cela est demandé ou écrit sur la partie de l'exécutant, ce qui a lieu quelquefois pour simuler l'effet de la *sourdine*.

procéder de manière à obtenir une sonorité faible, mais égale, depuis l'émission jusqu'à l'arrêt du son;

Pour C, attaquer doucement la corde, et, jusqu'au maximum de sonorité voulu, augmenter progressiviment la pression de l'archet et le rapprochement des crins vers le chevalet; puis, pour la réduction progressive de ce maximum, agir en sens inverse;

Pour C, attaquer le son par un faible coup de langue et une faible insufflation, progressivement augmentée et progressivement réduite sous une même pression des lèvres;

Pour D—G, attaquer de la pointe, du milieu ou du talon : de la pointe pour les notes de moyenne rapidité (D); du milieu, et en faisant sautiller l'archet sur la corde, pour les successions rapides et légères (E); du talon pour les notes suffisamment longues et qu'il faut aborder vigoureusement, soit en tirant l'archet pour chacune d'elles (F), soit en alternant le *tiré* et le *poussé* (G);

Pour D—G, attaquer chaque note par un coup de langue sec, suffisamment accentué, et en séparant également chaque son par un silence plus ou moins sensible;

Pour H, attaquer de la pointe, surtout dans les successions de moyenne rapidité, mais en réduisant l'énergie de l'attaque;

Pour H, attaquer chaque note par un coup de langue moins sec que dans le précédent cas, et en réduisant moins sensiblement la durée du son;

Pour I, attaquer de la pointe et en divisant le même coup d'archet par une série de légères oscillations du poignet. Cette articulation difficile, surtout en tirant, ne peut s'acquérir que par beaucoup de travail, lorsqu'elle n'est pas un don de nature. Elle n'est d'ailleurs jamais bien rapide dans les masses.

Pour I, attaquer chaque note par un coup de langue très-doux, sans réduction sensible de la durée du son.

Quant aux longueurs d'archet à employer pour les articulations D-H, elles restent naturellement subordonnées à la durée des notes : la version G, pour plus grande énergie, pourrait à la rigueur s'exécuter, pour chaque note, par un développement total de la baguette, pendant que la version H n'y emploierait que quelques centimètres. Cette longueur peut même se réduire jusqu'à une couple de millimètres pour le staccato legato.

Remarques sur le coup de langue.

La langue, comme partie active, se comporte à l'égard des instruments à vent comme l'archet à l'égard des instruments à cordes. Comme celui-ci, elle est un propulseur des vibrations aériennes. Selon la nature de ses évolutions, le résultat se modifie ou produit des attaques plus ou moins accentuées. On les nomme coups de langue.

Il est bien difficile de figurer syllabiquement le coup de langue instrumental, sans s'exposer aux platiasmes ou a des inexactitudes; cependant, le professorat, en général, y emploie la syllabe *tu*, et parfois mais plus rarement les modificatifs de cette syllabe, ce qui, avec la syllabe *pe*, utilisée par quelques-uns, fournit l'ensemble que voici : *tu — du, te — de* et *pe*. En étudiant physiologiquement le jeu de la bouche pour chacune des précédentes syllabes, il est facile de remarquer que l'on obtient :

Le *tu* et son modificatif adoucissant, le *du,* par la jonction presque complète des lèvres et des dents, et un léger et vif recul de l'extrémité linguale préalablement placée aussi près que possible de la ligne dentaire.

Le *te*, le *de* et le *pe*, par le même moyen, mais avec l'inévitable inconvénient d'un relâchement labial et dentaire plus ou moins sensible, aggravé d'une oscillation du menton pour la sillabe *pe*. D'où l'on peut conclure en faveur de la syllabe *tu* ou *du,* lorsqu'il s'agit d'indiquer graphiquement le coup de langue, puisque cette syllabe est la seule que l'on puisse articuler sans dérangement ou sans mouvement sensible des lèvres et des dents. Ainsi se trouve justifié, selon nous, le choix des spécialistes qui, presque tous, s'en sont servis pour la démonstration du coup de langue. Quelques praticiens, et notamment notre ami Delisse, professeur au Conservatoire, expliquent encore le coup de langue en disant que l'on agit à son égard comme si l'on voulait chasser au loin un corpuscule quelconque dont l'extrémité linguale serait embarrassée, recette probablement exacte et conséquemment digne d'attention.

Le *tu* ou *du* (coup de langue) convient à tous les instruments à vent, la flûte exceptée. Ici, et à cause de la lèvre supérieure qui, par son milieu, déborde toujours un peu la lèvre inférieure, afin de mieux conduire l'air dans l'O de l'embouchure, le *tu* se modifie et devient presque le *pe* précité.

Dans les instruments à anches, l'extrémité linguale agit toujours au-dessous de l'anche et près de son ouverture; dans les instruments à embouchures évasées, l'extrémité linguale fonctionne près des dents ordinairement placées un peu au-dessous du centre de l'embouchure. Le coup de langue varie nécessairement en raison de son intensité, d'où résulte des *staccati* plus ou moins secs ou nerveux, susceptibles de se modifier jusqu'à la plus extrême douceur (v. p. vj).

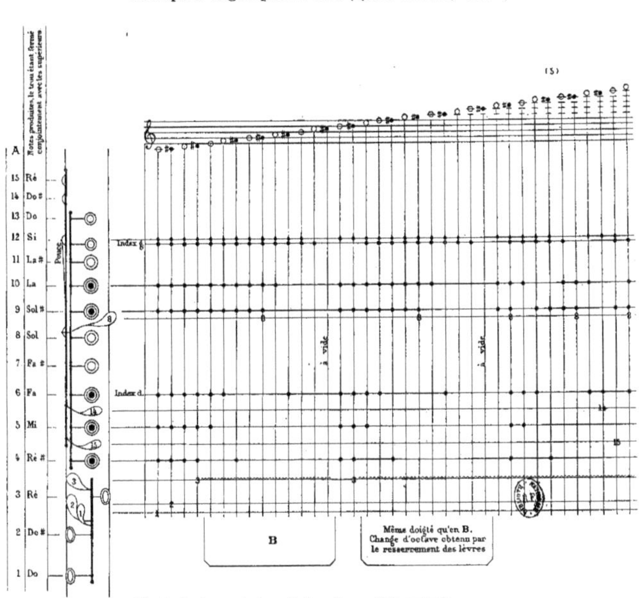

A Numéros des trous percés et comptés chromatiquement de bas en haut :

    1, et tous les trous fermés, donnent   do
    2.   —   —   do ♮
    3,   —   —   ré, etc., etc.

• point où le bout du doigt s'appuie. Les palettes ou clés à toucher sont indiquées par les numéros des trous sur lesquels elles agissent.

♦ trou ou clé du pouce fermé. Il est rond sur l'instrument.

Nota. — L'enharmonie de chaque note n'est pas indiquée dans ce tableau et les suivants, afin d'éviter les surcharges; ainsi, pour ré ♭ on cherchera do ♯; pour mi ♭, ré ♯, etc.

Principaux doigtés pour le hautbois ordinaire (Système TRIÉBERT).

(6)

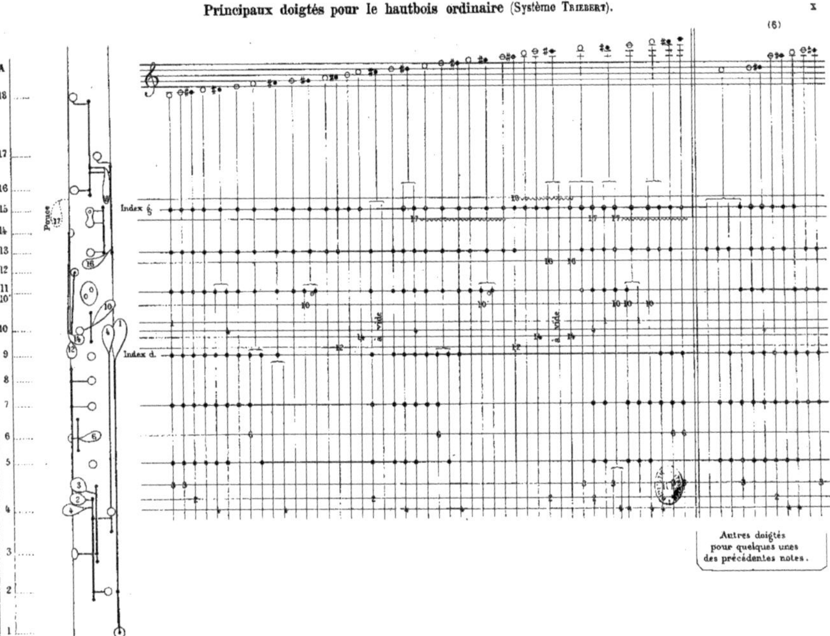

A, Numéros des trous percés et comptés chromatiquement de bas en haut :
1, et tous les trous supérieurs fermés, donnent *si*,
2, — — *do*,
3, — — *do* ♯ ou *ré* ♭

• point où le bout du doigt s'appuie. Les palettes ou clés à toucher sont indiquées par les numéros des trous sur lesquels elles agissent.
○ trous demi fermés.

Principaux doigtés pour le hautbois perfectionné (Système Bohm-Triebert.)

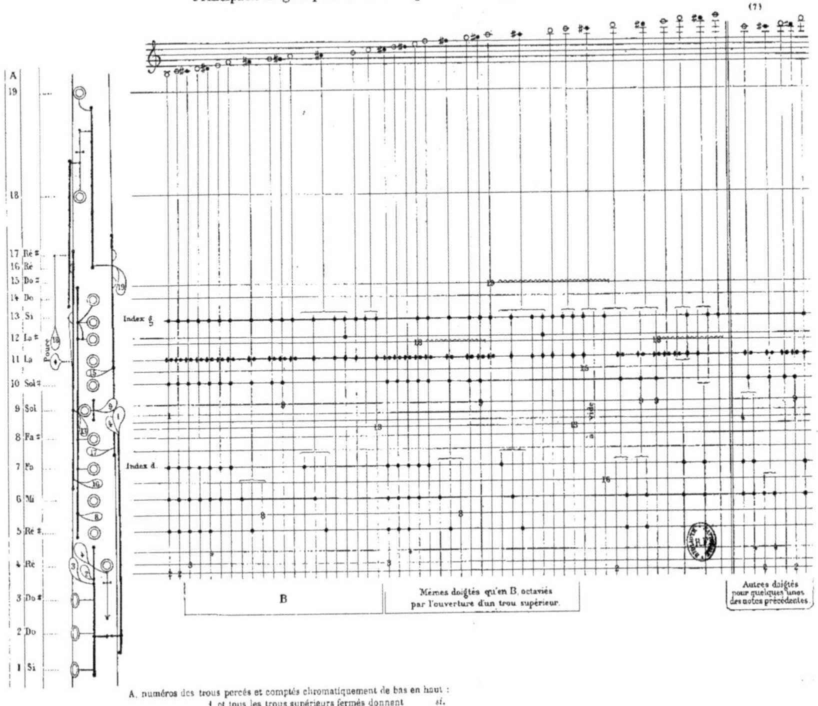

A. numéros des trous percés et comptés chromatiquement de bas en haut :

	et tous les trous supérieurs fermés donnant	si.
2	— —	do.
3	— —	do $\sharp$ ou ré $\flat$ etc.

● point où le doigt s'appuie. Les palettes ou clés à toucher portent les numéros des trous sur lesquels elles agissent.

♦ trou ou clé du pouce fermé.

Pour les trilles et d'autres doigtés, voir la tablature Triebert.

Principaux doigtés pour la clarinette perfectionnée (Système Bohm).

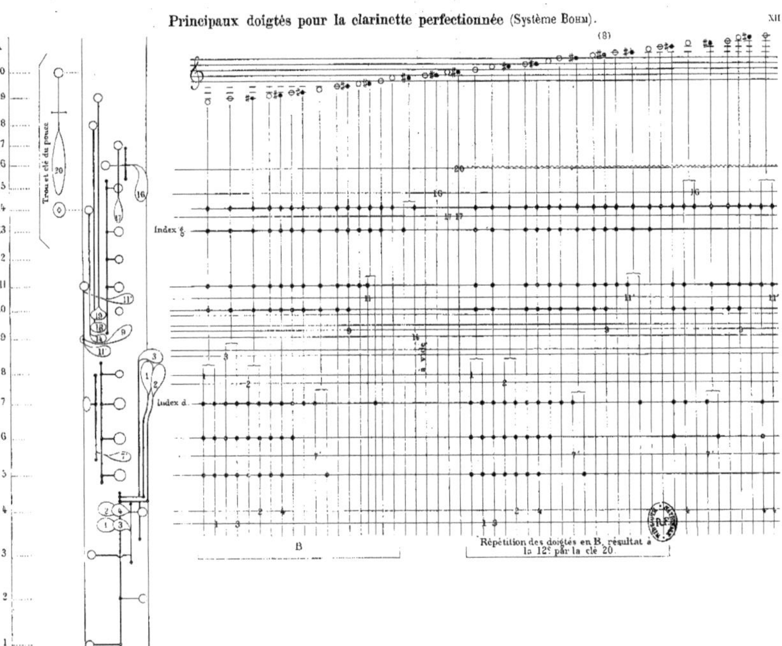

A, numération des trous comptés chromatiquement do bas en haut, trois étant en double (7, 11, 14) :

1 et tous les trous supérieurs fermés donnent *mi* ou si à la 12ᵉ sup. par la clé 20.
2 — — fa ou do —
3 — — fa♯ ou do♮ —

● point où le bout du doigt s'appuie. Les palettes ou clés à toucher sont indiquées par les numéros des trous sur lesquels elles agissent. Les clés 14, 18, 19 ne sont guère employées que passagèrement ou pour certains trilles.

◊ trou du pouce fermé. Il est rond sur l'instrument.

(9)

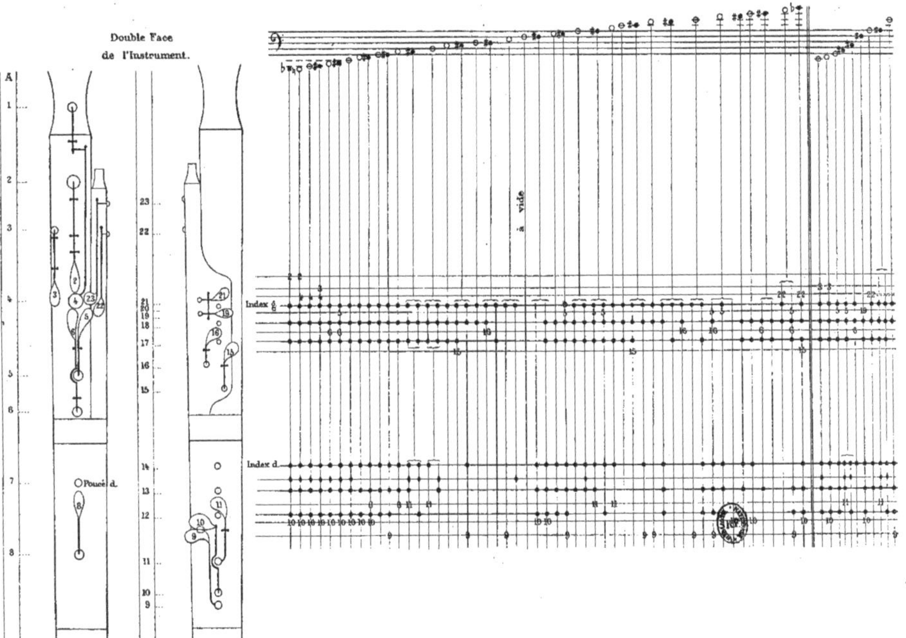

A, numéros des trous transpercés et comptés chromatiquement de 1 à 23 :
   1 et les trous suivants fermés donne   si ♭
   2   —   —   si ♮
   3   —   —   do, etc.
● point où le bout du doigt s'appuie. Les palettes ou clés à toucher sont indiqués par les numéros des trous sur lesquels elles agissent.
◗ trous demi fermés
⊕ trou du pouce (7) fermé. Il est rond sur l'instrument.

Principaux doigtés pour les instruments à 3 et à 4 pistons

Selon le système le plus général, système auquel on se limite ici :

le piston 1 descend la note de 2 demi-tons   2e maj.
— 2   —   1   —   2e min.
— 3   —   3   —   3e min.
— 4   —   5   —   4e min. 5 demi-tons.

Mais on fait aussi des instruments où le piston 4 transpose à la 2e supérieure (maj. ou min.) et d'autres où ce quatrième piston double le premier ou le second, ce qui augmente nécessairement le nombre des doigtés. Pour ceux-ci et les trilles v. notre Traité d'instrumentation, p. 99.

Conventions
- ● (grosse noire) résultante ou son voulu.
- ● (petite noire) note d'emprunt, radicale ou à vide. Les pistons n'y concourent pas.
- ○ note de la gamme d'ut.
- ○ note radicale ou à vide sous une autre forme.

(10)

Notes graves

Milieu

Notes aiguës

Nota. Il est bien entendu que les doigtés par le 4 restent non avenus pour les instruments à 3 pistons ou privés du piston 4.

J. V.

MANUEL MUSICAL

SOLFÉGE VOCAL OU INSTRUMENTAL

POUR ENSEIGNEMENT COLLECTIF OU PARTICULIER

Composé en vue des Sociétés orphéoniques, Colléges, Lycées, Pensions, etc.

(LIVRE I.)

ÉTUDE 1.   *(Signes graphiques.)*

Les signes musicaux de l'enseignement primaire sont :

1° La *portée* formant une échelle de cinq lignes horizontales équidistantes, comptées de bas en haut (A);

2° Les lignes supplémentaires ou additionnelles, lignes qu'on ajoute à la portée, au-dessus ou au-dessous, selon qu'on veut étendre la série des sons à l'aigu ou au grave (B);

3° La barre de mesure (CC), ligne verticale par laquelle on sépare des quantités souvent diverses, mais dont la somme est et doit toujours être égale à l'unité de mesure, qu'il ne faut pas confondre avec l'unité de temps (V. p. 8);

4° Les notes représentatives de la durée et leurs équivalents en silences, comme ci-dessous, où chaque figure, en allant de 1 à 6, représente, en durée ou en valeur, le double de celle qui la suit, et conséquemment la moitié de celle qui la précède :

	NOTES				SILENCES	
	Figures	Noms	Durées	**Figures**	Noms	Durées
1		Ronde	1 (unité fond^le).		Pause.	1 (unité fond^le.)
2		Blanche	$\frac{1}{2}$ de la ronde.		Demi-pause.	$\frac{1}{2}$ de la pause.
3		Noire	$\frac{1}{4}$ —		Soupir.	$\frac{1}{4}$ —
4		Croche	$\frac{1}{8}$ —		Demi-soupir.	$\frac{1}{8}$ —
5		Double-croche	$\frac{1}{16}$ —		Quart de soupir.	$\frac{1}{16}$ —
6	*	Triple-croche.	$\frac{1}{32}$ —		Huitième de soupir.	$\frac{1}{32}$ —

* L'extension de la série, par la quadruple et surtout la quintuple-croche, serait ici prématurée.

I

5° Les accidents qui modifient le son représenté par la note, lesquels sont :
Le *dièse* haussant la note d'un demi-ton, ce qu'on écrit : . . . . . .

Le *bémol* baissant — . . . . . .

Le *bécarre* annulant l'effet des deux précédents signes, ce qu'on écrit :

Les deux premiers signes peuvent se doubler, ce qu'on écrit :

Pour le double dièse, ♯. ou ⋅✗ ou ⋅✗⋅ ou ✕ ;

Pour le double bémol, ♭♭.

6° Le point d'augmentation, simple ou double, dont le propre est d'augmenter de moitié la durée du signe (note, silence, point), après lequel on le place :

◌. vaut une ronde et une blanche . . . .

𝄽. — un soupir et un demi-soupir . . . .

𝄾⋅⋅ — une noire, une croche et une double-croche . ⋅ . .

On l'emploie quelquefois par enjambement, ou en pointant, dans la mesure suivante, la dernière note ou figure de la mesure qui précède (*a*), ce qu'on remplace le plus souvent par le coulé de prolongation (*b*) :

7° Le coulé de prolongation qui, reliant deux notes homophones (du même son), ajoute la durée de la seconde à celle de la première :

signifie une ronde et une blanche sous une seule émission ;

— une blanche et une noire.

8° Le point d'orgue, indiquant un arrêt facultatif, augmentant du tiers ou de la moitié la durée de la note ou du silence sur lequel on le place. Un *rallentendo* progressif en est ordinairement le précurseur. On l'écrit ainsi : . ⌢

9° La double barre de mesure, indiquant une conclusion temporaire, définitive si rien ne la suit ; si deux points la précèdent, il y une reprise ou renvoi aux deux points antérieurs qui la suivent : si ces deux points n'existent pas, la tête du morceau en tient lieu. On l'écrit ainsi ‖ ou :‖

10° Le signe de renvoi correspondant au même signe placé antérieurement. On l'écrit : . . . . ૹ

QUESTIONNAIRE

Qu'est-ce que la portée et comment se comptent les lignes qui la constituent ? (parag. 1).

On procédera de même pour les paragraphes suivants (2—7), en insistant toutefois sur le paragraphe 4, par des questions dont voici encore le spécimen :

Une ronde, combien vaut-elle de blanches ? de noires ? de croches ?

Pour l'équivalent d'une ronde, combien faudrait-il de blanches? de noires de croches?

ÉTUDE 2.   *(Coupes graphiques.)*

Lorsqu'il y a série, pour la croche ou ses sous-multiples (P. I, paragr. 4), on remplace presque toujours le crochet par une ligne forte et plus ou moins horizontale, surtout en ce qui concerne les instruments. Cette ligne, encore sans désignation dans la technie du graveur, mais qu'on pourrait nommer coupe-*longue* afin de la distinguer de la coupe-*brève* ou d'abréviation, a pour objet une division plus exacte ou plus intelligible de la mesure, division souvent faussée par la fantaisie, et, par conséquent, souvent critiquée par l'école du chiffre qui procède en compassant.

La coupe-longue, comme le crochet lui-même, est simple, double, triple, etc. Elle peut s'étendre, en les reliant, au-dessus ou au-dessous de valeurs semblables (A) ou mêlées (B) :

Questions facultatives.

ÉTUDE 3.   *(Abréviations graphiques.)*

Les abréviations, pour les plus ordinaires, sont :

1° La coupe-brève, simple, double, triple, etc., figures par lesquelles on transforme, conventionnellement, les valeurs que voici : ɔ ♩ ♪ , en croches simples, doubles, triples, etc. A-C se liraient comme en *a-c*.

On l'ajoute encore à la coupe-longue de la croche et aux sous-multiples de celle-ci (D E), mais rarement lorsque ces valeurs sont isolées (E). Dans ce dernier cas la coupe prend souvent un ou deux traits de plus, et l'on écrit F au lieu de E, d'où résulte cette anomalie que le crochet se trouve compté ou non compté selon la forme qu'il affecte; mais, méthodiquement, la notation en F est vicieuse ou irrégulière; mieux vaut lui substituer celle en E. Nous pensons ne pas être seul de cet avis.

2° La coupe de répétition, petit trait diagonal indiquant qu'on redit ce qui précède autant de fois qu'il est présent dans la même mesure : G se lirait comme en H. Il l'occupe tout entière, lorsqu'il signifie répétition totale de la mesure précédente. Dans ce cas, on le pointe ordinairement au-dessus et au-dessous : J se lirait comme en I.

3° La coupe d'alternation indiquant qu'on doit rendre successivement les notes qu'elle relie. Elle est simple, double, etc., selon qu'elle indique des croches simples, doubles, etc. K se lirait comme en L. Cette figure (K) est généralement, dans l'ordre mélodique, l'expression d'une couple de parties harmoniques.

Questions facultatives.

ÉTUDE 4. (*Clés basiques.*)

Trois clés concourent à la notation de la musique. On les nomme clé de sol, clé d'ut, clé de fa, parce que la ligne qui traverse le corps de la clé et qu'on indique par deux points, s'appelle conventionnellement ligne de *sol*, ligne d'*ut*, ligne de *fa*, quelle que soit d'ailleurs cette ligne. On ne place ces trois clés que sur les lignes suivantes :

  2, pour la clé de *sol* (A);
  1, 2, 3, 4, pour la clé d'*ut* (B);
  3, 4, pour la clé de *fa* (C).

D'où suit qu'une note quelconque peut changer sept fois de nom sans changer de place, ou changer sept fois de place sans changer de nom, ce qu'on voit en D E, notation à laquelle, par anticipation, nous ajoutons la transposition ou effet réel de chaque clé (*d e*) :

De ces clés diverses, les plus utiles, en général, sont la clé de *sol* d'abord, puis la clé de *fa*, 4ᵉ ligne.

QUESTIONNAIRE

Quelles sont les trois clés basiques ?
Sur quelles lignes peut-on les placer?
Quelles sont les plus utiles à étudier?

ÉTUDE 5. *(Notes.)*

Sept syllabes, la portée, les lignes supplémentaires et les accidents modificatifs (dièses, bémols, bécarres), concurremment avec les clés dont on vient de parler, suffisent pour noter tous les sons possibles. Ces syllabes, dont six appartiennent à une hymne du Rituel (*Ut queant laxis*), sont ce qui suit :

    1   2   3   4   5   6   7.

Ut (ou *Do*), *Ré*, *Mi*, *Fa*, *Sol*, *La*, *Si*.

On les place de deux manières : sur ou entre les lignes (A B). Dans ce dernier cas, on supprime toujours la ligne inférieure au grave, et la ligne supérieure à l'aigu, lorsque la notation a lieu au-dessous ou au-dessus des cinq lignes. C est usité, D ne l'est pas, quoique possible.

La clé de *sol* étant donnée, voici, dans l'ordre gammique et dans les limites approximatives des voix et des principaux instruments, la série des notes que, au minimum, doit connaître chaque exécutant, vocal ou instrumental.

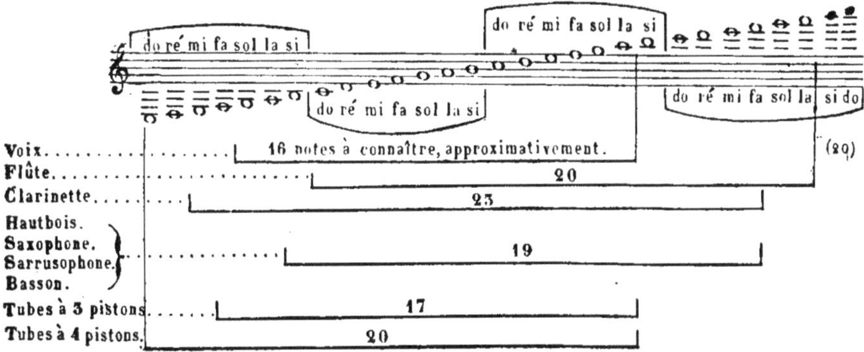

Cependant, et par prévision, mieux vaut les connaître toutes ou à peu près. Les plus essentielles à étudier sont renfermées dans les notations ci-dessous.

PROPOSITION

A l'aide du bâton-guide donnant l'impulsion, ou battant un temps par syllabe comme il suit :

Nommer les notes de chacune des successions 1—7. Chaque version sera dite plusieurs fois de suite, métriquement, et, s'il y a lieu, de plus en plus vite, à chaque répétition nouvelle.

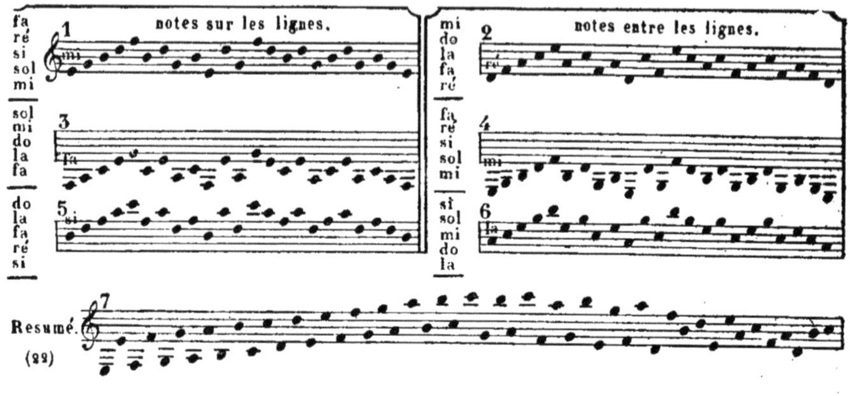

ÉTUDE 6.

(*Mesures.*)

(1) La mesure carrée ou à quatre temps est la première de toutes les mesures, de même que le nombre 4, le sacré quaternaire pythagoricien, est numériquement le premier de tous les carrés. Elle constitue une paternité radicale, sorte d'étalon génératif accompagné de ses multiples et sous-multiples, exprimés fractionnairement.

(2) Le carré, manuellement exprimé par une figure inexacte ou de fantaisie, se complète par ses dépendances, ce qui fait, en totalité, trois types : le carré, le ternaire et le binaire, ou trois mesures principales insérant 4, 3 et 2 temps. La main les bat ou dessine pratiquement ainsi :

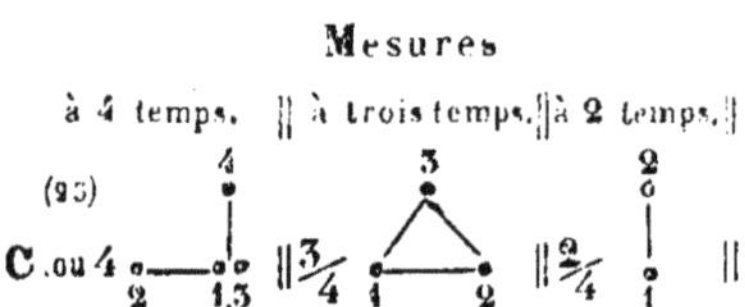

(3) Lorsque la rapidité l'exige, le carré se bat à deux temps, ce qu'alors on indique toujours en coupant le C par une verticale : ₵ (moitié du carré).

Si maintenant on remplace graphiquement le signe initial de la durée par ses multiples et ses sous-multiples, il est évident qu'on peut obtenir d'autres variétés numériques, naturellement critiquées par l'école du chiffre, qui n'a pas compris les services qu'elles rendent journellement aux compositeurs.

Voici, **en un tableau**, les déductions les plus ordinaires de la mesure-mère, ou l'ensemble des mesures les plus usitées :

Mesures à				(24) quantités exprimées par le numérateur.	unité de mesure	de temps	
4 temps.	Dérivés.		1er Type, ou mesure mère — C ou 4 ou 4/4	♩ ♩ ♩ ♩	o	♩	très usité.
		Multiples	2/1 *signifie 2 rondes au lieu d'une.	o o	o*	♩	usité.
		sous mult.	12/8 ________ 12 croches au lieu de 8.	♪♪♪ / / /	o.	♩·	id:
			12/16 ________ 12 doub:croch:au lieu de 16	♬♬♬ / / /	♩·	♩·	peu usité.
3 temps.	Dérivés.		2d Type. — 3/4 ________ 3 noires au lieu de 4.	♩ ♩ ♩	♩·	♩	très usité.
		Multiples	3/2 ________ 3 blanches au lieu de 2.	♩ ♩ ♩	o·	♩	usité.
			9/8 ________ 9 croches au lieu de 8.	♪♪♪ / /	♩·⌒♩·	♩·	id.
		sous multiples	9/16 ________ 9 doub:croch:au lieu de 16.	♬♬♬ / /	♩·⌒♩·	♩·	peu usité.
			3/8 ________ 3 croches au lieu de 8.	♪♪♪	♩·	♩	très usité.
2 temps.	Dérivés.		3me Type. — 2/4 ________ 2 noires au lieu de 4.	♩ ♩	♩	♩	id:
		Multiples	6/4 ________ 6 noires au lieu de 4.	♩♩♩♩ ♩♩	o·	♩·	usité.
			6/8 ________ 6 croches au lieu de 8.	♪♪♪ ♪♪♪	♩·	♩·	très usité.
		sous mult.	6/16 ________ 6 doub:croch:au lieu de 16	♬♬♬ ♬♬♬	♩·	♩·	peu usité.

QUESTIONNAIRE

Quelle est la première de toutes les mesures? (parag. 1)

Combien y a-t-il de mesures principales ou types? (parag. 2)

Que signifie le C simple et le ₵ barré? (parag. 3)

Quelles sont, eu égard à la mesure-mère, les quantités, en valeurs représentées par $\frac{2}{1}$? (V. le tableau ci-dessus.)

Quelle serait, pour $\frac{2}{1}$, l'unité de mesure, puis l'unité de temps? (V. le tableau.)

A poursuivre, s'il y lieu.

ÉTUDE 7.   (*Force relative des temps.*)

Les trois mesures typiques et leurs dérivés se divisent en temps forts et en temps relativement plus faibles, ce qu'exprime la figure suivante, où l'on voit que la force, graphiquement représentée par l'ouverture du signe, se réduit progressivement en partant du premier temps ou chiffre :

C 1 _ 3 2 _ 4 ‖ 3/4 1 2 3 ‖ 2/4 1 2 ‖ (25)

---

* La valeur restant la même, pour une fraction dont on multiplie ou divise les deux termes par un même nombre, l'expression $\frac{2}{1}$ pourrait se remplacer par $\frac{4}{2}$, $\frac{8}{4}$, $\frac{16}{8}$, s'il n'était pas préférable, de s'en tenir à un signe convenu plutôt que d'en multiplier les équivalents.

*Cette figure se nomme *maxime* et vaut deux rondes.

Quant à la supériorité donnée gratuitement, par quelques professeurs, au troisième temps de la mesure ternaire, on peut se dispenser de la prendre au sérieux : dans l'ordre direct.des repos, ou selon les lois naturelles de la pesanteur, l'appui n'est pas en haut, mais en bas seulement. *

QUESTIONNAIRE

Quel est le plus fort des temps, dans la mesure carrée?

Comment faudrait-il présenter les temps de cette mesure afin d'en exprimer la force décroissante? etc.

ÉTUDE 8. *(Durée de la mesure.)*

La durée de la mesure peut à volonté se modifier entre ses deux extrêmes limites ($a\,b$), ce que l'on désigne vaguement par une foule d'épithètes italiennes. Nous les réduisons ici aux plus connues, en les exposant progressivement du maximum au minimum de la durée ($a\,b$) :

a,	Lentissimo	très-lent.
	Lento	mouvement un peu moins lent que le précédent.
	Largo	id.
	Larghetto	id.
	Andante	id.
	Moderato	id.
	Allegro	id.
	Presto	id.
b,	Prestissimo	id.

Cette insignifiante nomenclature, dont il est difficile de garantir le sens exact, est aujourd'hui rectifiée par le chronomètre ou métronome, dont on connaît l'usage et l'utilité.

Questions facultatives.

ÉTUDE 9. *(Rhythme. Exercice I.)*

Le rhythme-valeur, le seul dont on ait à s'occuper ici, n'a trait qu'à la durée et au nombre des notes. Les combinaisons qu'il peut offrir sont quasi sans limite : la mesure à quatre temps, une partie, et seulement deux croches par mesure, donneraient déjà les vingt-huit combinaisons qu'on voit (p. 10, vers. 29-56). Partant, il est facile de voir où conduirait l'emploi facultatif de toutes les valeurs et de tous leurs silences correspondants, concurremment avec l'augmentation progressive des parties. Cependant, et eu égard à l'importance pratique de la matière, on fera bien d'insister un peu sur les exercices suivants, qui, notés avec les valeurs 1-4 de la page 1, présentent, faute de mieux, un échantillon limité des combinaisons rhythmiques les plus ordinaires.

---

* En composition, cette troisième partie de la mesure ternaire ne peut fournir que des repos passagers, relativement faibles, surtout en mouvement vif, ce qui explique la rareté des conclusions tentées sur cette partie de la mesure et confirme pratiquement l'exactitude de l'assertion ci-dessus.

PROPOSITION

Sur une intonation donnée (*sol* ou *do*) rhythmer, plusieurs fois de suite chacune des versions 1-20, ce qu'on fera avec les syllabes *la* ou *ta*, *la* pour les notes et *ta* pour les silences, mais en soutenant exactement chaque note sur l'intonation donnée, et en articulant sèchement, chaque silence. Cependant, et afin d'exagérer la différence qu'il y a entre les deux syllabes, on fera bien de prononcer fortement la première (*la*) et faiblement la seconde (*ta*), au moins jusqu'à ce qu'on soit en état, pour celle-ci, d'en supprimer tout à fait l'énoncé en comptant les silences à la muette. Dans le même but et par uniformité surtout, à partir de la version 21, on a constamment divisé la mesure en quatre parties égales, c'est-à-dire en quatre coupes de deux croches, sérielles ou mêlées avec les demi-soupirs qui en sont les équivalents. Cette disposition métrique ou méloplastique, n'est pas conforme aux usages, il est vrai, mais elle peut faciliter l'intelligence de certaines combinaisons difficiles, ou expliquer les fantaisies graphiques de la notation; car, ce qu'ici l'on écrit comme en *a*, s'écrit aussi comme en *b-e* :

Dans l'enseignement collectif, le mouvement de la mesure sera, comme toujours, carrément et simultanément dessiné par toutes les mains, et, de plus, maintenu ou poursuivi sans arrêt, sous l'impulsion du bâton-guide. Si on le juge à propos, on pourra diviser la mesure en huit parties, soit deux huitièmes par temps, articulées comme en A ou B :

L'exercice ci-dessous, exclusivement oral pour toutes les spécialités, orphéoniques ou autres, pourrait cependant s'exécuter, sur une même note, par tous les instruments d'une même tonalité, mais en comptant mentalement les silences ou sans les énoncer, et en dessinant la mesure avec le pied, gymnastique à laquelle il est bon de se préparer, afin d'en user sans en abuser. Néanmoins et quel que soit le cas, mieux vaut procéder verbalement.

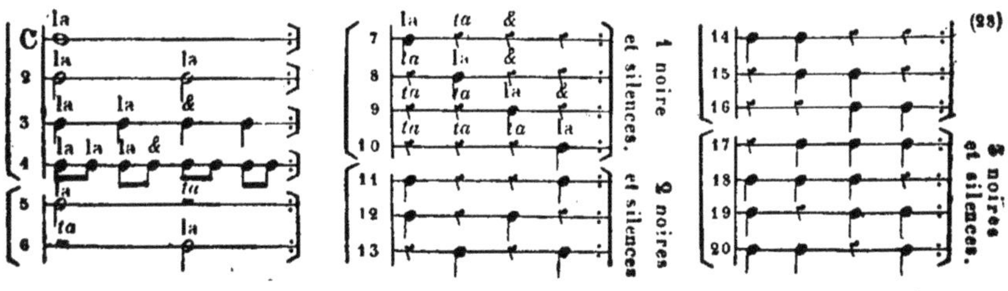

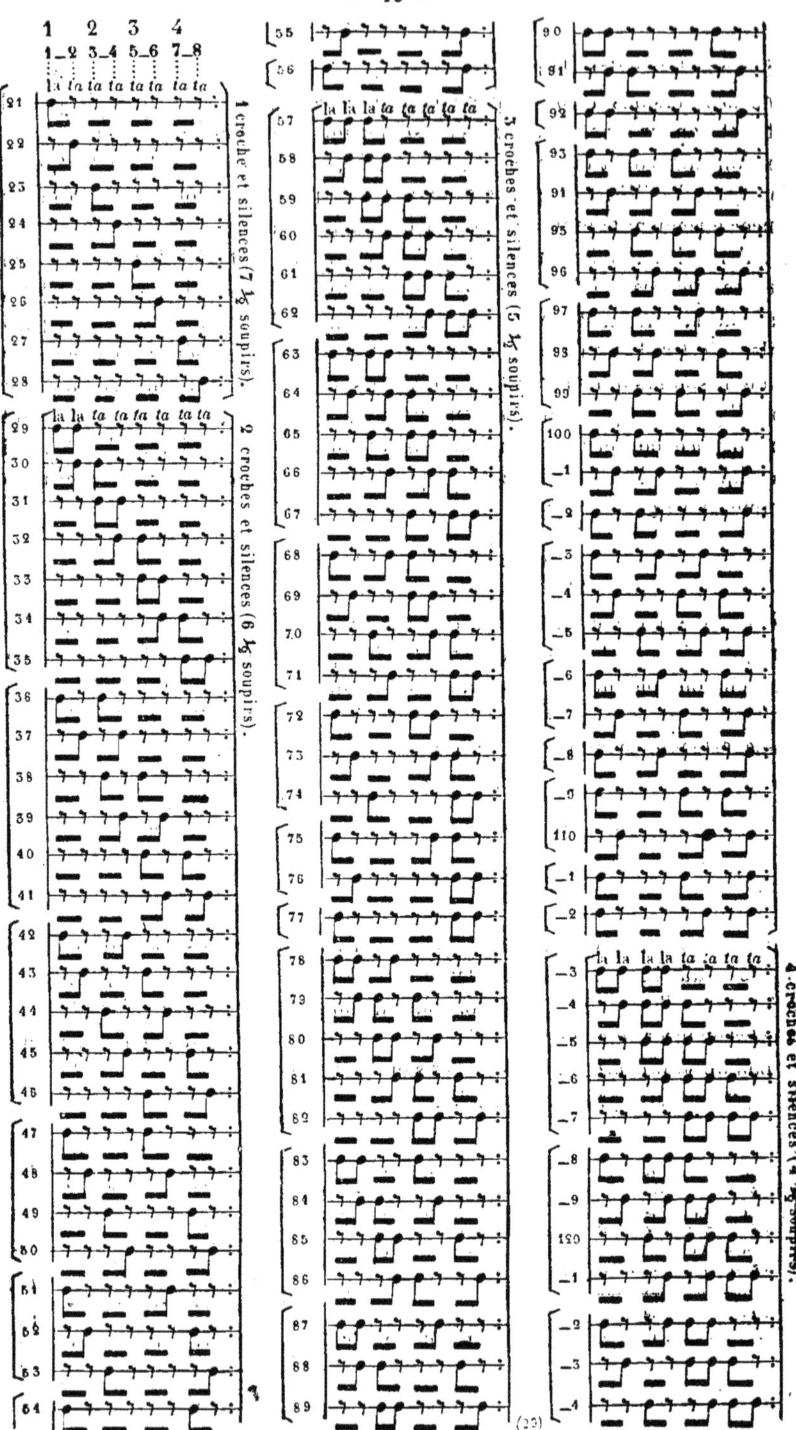
1 2 3 4
1_2 3_4 5_6 7_8
la la ta ta ta ta ta ta
1 croche et silences (7 ½ soupirs).
2 croches et silences (6 ½ soupirs).
3 croches et silences (5 ½ soupirs).
4 croches et silences (4 ½ soupirs).
(23)

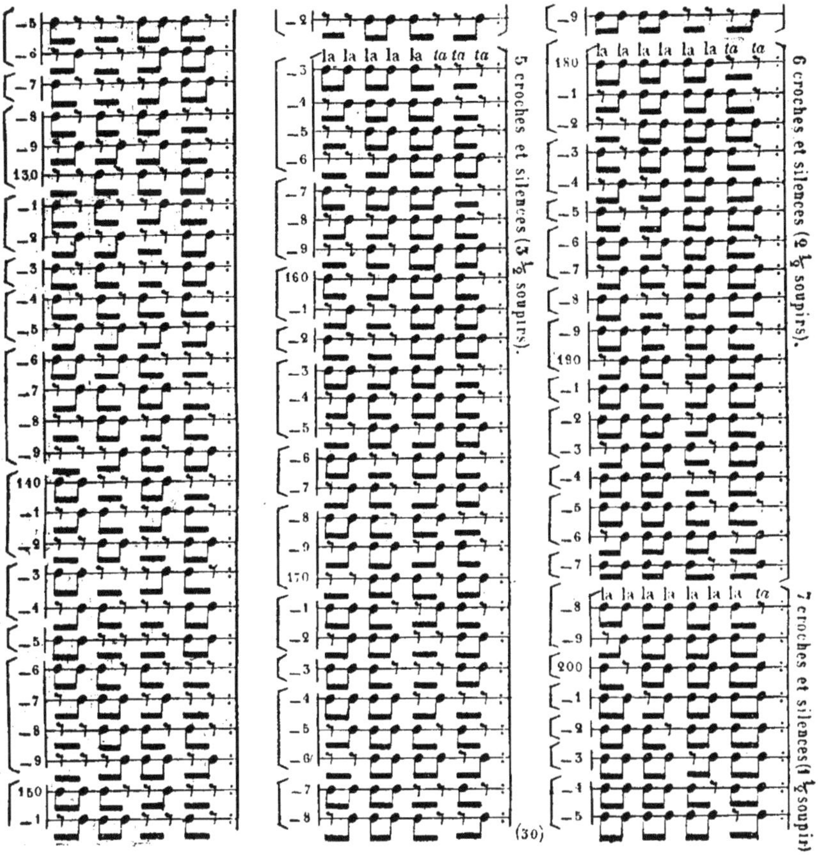

Voici comment se traduisent le plus habituellement les versions 21-205, traduction très-utile à pratiquer, pour cela même qu'elle est plus conforme aux usages. Les notes et les silences en seront articulés comme on vient de le proposer plus haut (p. 8, proposition).

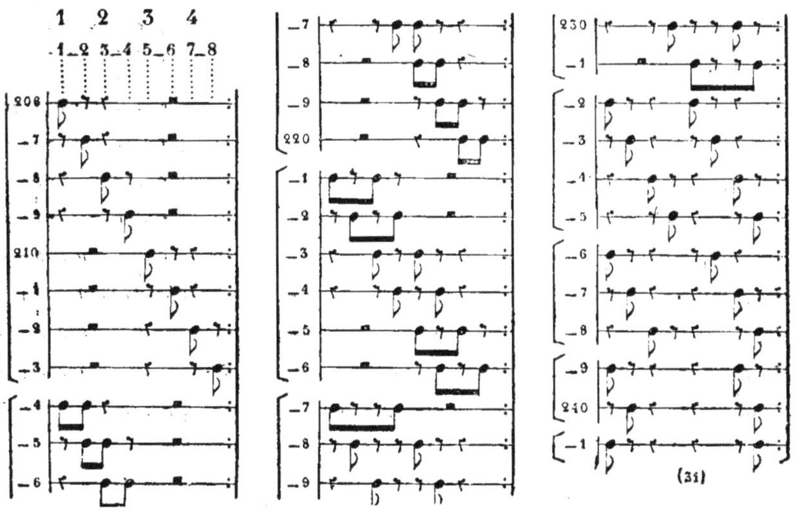

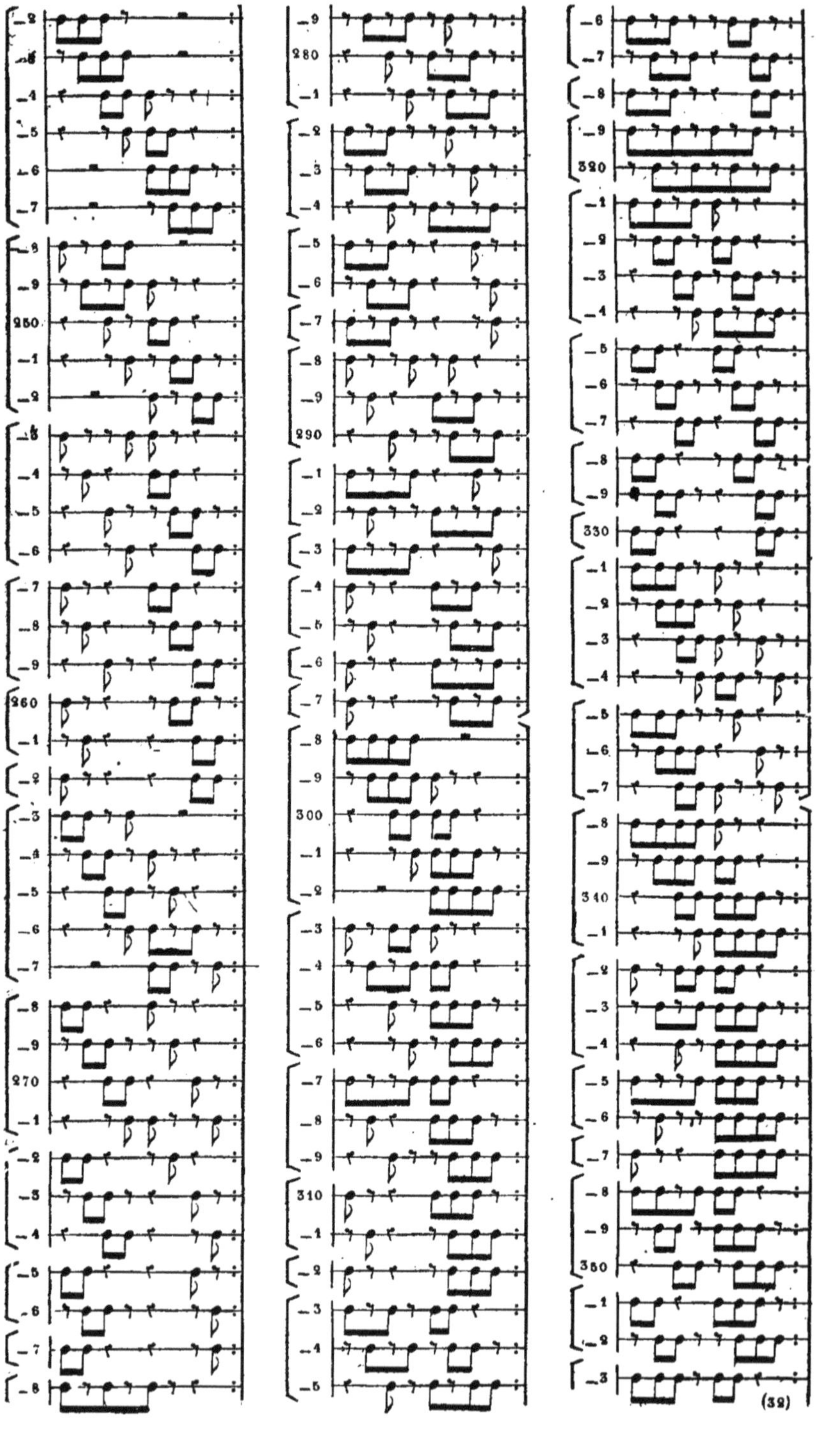
250
260
270
280
290
300
310
320
330
340
350

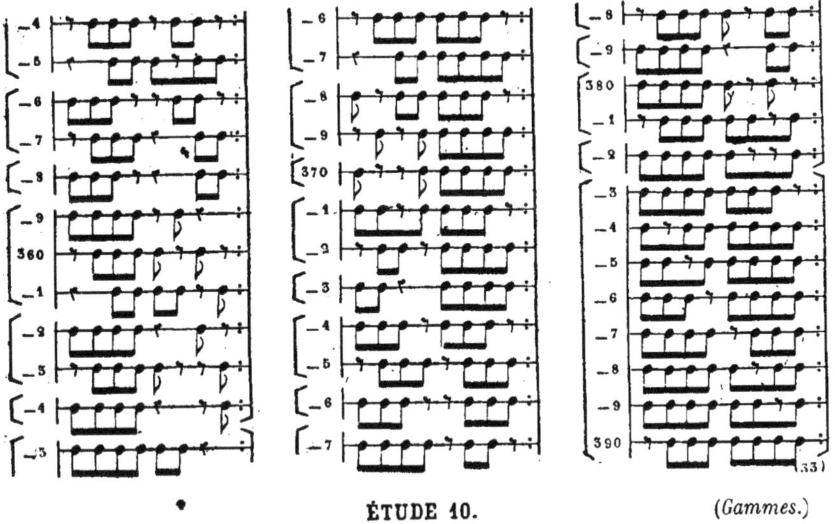

ÉTUDE 10.   (*Gammes.*)

(1) La gamme, dans sa constitution, se présente sous deux faces : l'une majeure, l'autre mineure, ce qui établit deux échelles dont la différence ne porte que sur la situation respective des degrés 3 et 6, ainsi qu'on le voit dans la parallèle ci-dessous. Dans ce parallèle on indique :

En A A', la constitution des deux gammes, approximativement figurée par le plus ou le moins d'écartement graphiquement donné aux syllabes gammiques ou degrés ;

En B B', le nombre des demi-tons ou espaces minimes qu'il y a d'un degré au degré voisin ;

En C C', la numération des degrés ou notes :

C degrés	B demi tons.	A Gammes maj.	A' min.	B' demi tons.	C' degrés
8		do	do		8
7	1	si	si	1	7
	2				
6		la		3	
	2		la ♭		6
5		sol	sol	1	5
	2			2	
4		fa	fa		4
3	1	mi		2	
	2		mi ♭		3
2		ré	ré	1	2
	2			2	
1		do	do		1
	12 demi-tons ou 5 tons et 2 demi.		(34)	12 demi-tons ou 3 tons et 6 demi.	

(2) La première contient deux sensibilités, constituées par les degrés 3-4 et 7-8; la seconde, trois, constituées par les degrés 2-3, 5-6, 7-8.

(3) Les deux sons de chaque sensibilité, aussi rapprochés qu'ils peuvent l'être, sont respectivement attractifs, sauf le degré 1 ou 8 qui, par une sorte d'indépendance particulière, n'appelle rien *.

(4) Les deux gammes ont pour souche ou origine principale, les deux *entiers* déterminants qui en fournissent les cinq septièmes. Ces deux entiers ou pentaphones (groupes ou accords de cinq sons) toujours à l'état latent dans la série des tubes, et qui, cependant, se manifestent assez facilement sur quelques-uns, principalement sur le cor dit d'harmonie, seraient ici *sol, si, ré, fa, la* ♮ pour la gamme d'*ut* majeur; et *sol, si, ré, fa, la* ♭, pour la gamme d'*ut* mineur. Toutefois, comme on ne peut insister sur ce point sans sortir des limites purement élémentaires qui nous sont assignées, nous coupons court à cette ébauche de principe.

(5) Les notes gammiques, indépendamment des chiffres par lesquels on les indique, ont encore d'autres dénominations pratiquement employées :

La note ou degré 1 se nomme aussi	tonique	ou son principal.
— 2 —	sustonique.	— son accessoire.
— 3 —	médiante	— MODALE.
— 4 —	sous-dominante . .	— *tonale*.
— 5 —	dominante.	— *tonale*.
— 6 —	sus-dominante. . .	— MODALE.
— 7 —	sensible	— *tonale*.

(6) Les tonales déterminent le ton, et les modales affirment le mode.

(7) Pour constituer le ton et le mode d'une manière absolue, il faut le concours des degrés

4, 5, 7, plus 3 ou 6 pour le majeur ;

7, plus 3 ou 6 pour le mineur ; *

Ces degrés peuvent se produire mélodiquement dans un ordre quelconque : successif, comme en D, ou bien séparé par d'autres sons de la même échelle, comme en E; mais, si dans une succession mélodique, l'un d'eux est absent, la certitude de la tonalité s'efface ou s'affaiblit: les notes en F, se trouvant en *do* et dans quatre autres gammes (*Sol, mi, Ré, si*), ne peuvent rien affirmer.

---

* Pour cette question des sensibilités, lire l'*Acoustique nouvelle* de feu Louis Lucas, penseur aussi profond que savant éminent, qui, l'un des premiers, a traité cette matière avec une très-haute supériorité.

* Afin d'épargner aux élèves les incertitudes de deux tonalités exprimées par une armure, autant qu'il sera nécessaire, nous placerons les deux signes caractéristiques du mineur et dehors ou à gauche de la clé (*a b*), ce qu'on aurait dû faire depuis longtemps, en les plaçant exclusivement en dedans. L'initiative de cette proposition, prise antérieurement, appartient à M. Busset.

(8) Les degrés 6 et 7 du mineur sont fréquemment modifiés dans la pratique, l'un, par l'addition d'un demi-ton en montant la gamme (c); l'autre, par la suppression d'un demi-ton en la descendant (d) :

Mais ces fluctuations de fantaisie, autrefois motivées par les difficultés d'intonation que présentent les trois demi-tons inclus de 6 à 7, ne peuvent s'expliquer aujourd'hui que comme des accrocs faits à l'Entier mineur (sol ♮ 9) souche ou paternité probable de la tonalité mineure.

(9) Un niveau étant donné, * et les deux pôles de la gamme (la prime et son octave) étant divisibles en douze parties égales nommées demi-tons ou espaces minimes, il s'en suit qu'on peut monter ou descendre le niveau des deux échelles typiques jusqu'à concurrence de onze demi-tons, ce qui fait en totalité vingt-quatre gammes dont l'éclat croît ou décroît progressivement, selon qu'on les hausse par la série des dièses, ou qu'on les baisse par la série des bémols (Etude 17, parag. 4). A ces nuances délicates, engendrées par le déplacement, on peut ajouter le caractère des deux modes, si différents l'un de l'autre. Ce caractère est :

Pour le majeur, brillant et gai ;

Pour le mineur, sombre et triste.

QUESTIONNAIRE

Quels sont les deux faces ou modes de la gamme? (parag. 1)

Quel nombre de degrés faut-il pour constituer celle-ci? (V. CC', p. 13)

Quel nombre de demi-tons sont compris entre ses deux pôles? (prime et octave, V. BB').

Quels sont, en majeur et en mineur, les degrés les moins distancés, ou qui, de l'un à l'autre, ne comptent qu'un demi-ton (parag. 2)?

Quel est, en majeur, le nombre de demi-tons compris entre 1-2? 2-3? etc. (V. B').

Quel est, en mineur, le nombre de demi-tons compris entre 1-2? 2-3? etc. (V. B').

Combien y a-t-il de sensibilités dans chaque mode? (parag. 2)

À continuer, si l'on veut.

ÉTUDE 11.   (Intervalles.)

(1) Pour deux notes qui n'ont pas tout à la fois même nom et même son, il y a intervalle : il existe, en *a*, par la différence des noms ou degrés; en *b*, par la différence des sons; mais il est nul en *c*. Ce dernier cas, seul de son espèce, se nomme unisson ou prime.

---

* Le *la* du diapason normal (1859), donnant quatre cent trente-cinq vibrations doubles par seconde.

† Cet intervalle, formant seconde diminuée, n'est pas auriculairement appréciable et n'équi-

(2) L'intervalle se désigne par le nombre de degrés implicitement parcourus : ainsi, *sol* et *do* (sous-entendu supérieur *) s'écriraient ou se prononceraient 4 ou quarte, puisqu'il y a gammiquement quatre degrés inscrits de l'une à l'autre note (*sol* *la* *si* *do*). En voici l'exposé numérique et nominatif :

1   ou   prime
2   —   seconde
3   —   tierce
4   —   quarte
5   —   quinte
6   —   sixte
7   —   septième
8   —   octave
9   —   neuvième, etc.

(3) L'intervalle a pour limites naturelles, la prime et son octave, pôles de l'échelle musicale. Cette échelle ou gamme se divise ainsi :

LIMITES NATURELLES

INTERVALLES

Minimes	*Maximes*
1 2 3 4	5 6 7 8

ou en deux parties égales appelées tétracordes *. On nomme :

Minimes ou de première limite, les intervalles compris de 1 à 4 ;
Maximes ou de seconde limite,   —   de 5 à 8 ;
Redoublés ou de troisième limite, les intervalles qui dépassent le 8.

(4) On ramène l'intervalle redoublé dans ses limites naturelles, en soustrayant, de son chiffre autant de 7 qu'il est possible d'en soustraire : 17 moins 7 égale 10, 10 moins 7 égale 3 ou une tierce. Ainsi, une tierce ou une dix-septième sont même chose, sauf les redoublements ou mutations d'octaves.

(5) Excepté la prime et l'octave, tout intervalle peut se modifier jusqu'à concurrence de trois demi-tons, ou affecter l'une des quatre gradations suivantes, qui,

---

vaut, pratiquement, qu'à l'unisson. Cependant, on constate, de l'une à l'autre note, une différence dont l'approximatif est, dit-on, de $\frac{1}{80}$ de ton. On le rend par le même doigté ou par la même touche sur la majeure partie des instruments tempérés.

* Le point cherché pouvant être *supérieur* ou *inférieur* au point donné, il est pratiquement convenu, dans les questions sur les intervalles, de supprimer l'épithète dans le premier cas, à cause de sa fréquence, mais de l'ajouter dans le second, afin de mieux préciser la demande.

* Tétra-quatre (quatre cordes ou degrés successifs).

de proche en proche, grandissent d'un demi-ton en partant du premier terme (diminué) :

$\frac{1}{2}$ $\frac{1}{2}$ $\frac{1}{2}$

TON   TON   TON

diminué | *mineur* | *majeur* | *augmenté*

(6) **La prime** ne peut se modifier que par l'augmentation (simple ou double), l'octave, que par la diminution (simple ou double), si l'on veut maintenir l'intervalle et son renversement entre la prime et l'octave.

(7) **Tout intervalle** compris de 2 à 7 (ceux-ci inclus) se renverse, ce qu'on obtient par une mutation d'octave et un croisement. Ainsi, le renversement de ${}^{sol}_{do}$ serait ${}^{do}_{sol}$, soit que le *do* fût croisé par le *sol* ou le *sol* par le *do*. Les deux sons naturels de la prime et de l'octave ne sont susceptibles que d'un simple report donnant l'octave pour la prime, la prime pour l'octave, ce que l'on nomme encore renversement, malgré l'absence de tout croisement.

(8) **L'intervalle** est conjoint ou disjoint, selon que les degrés en sont conjoints, comme 1-2, 4-3, etc., ou disjoints comme 1-3, 1-4, etc. Cependant il peut encore se présenter

Conjoint par le degré et disjoint par la distance, comme *sol la*♯, phoniquement égaux à *sol si*♭ (3 ou tierce-min. intervalle disjoint) ;

Disjoint par le degré et conjoint par la distance, comme *sol*♯ *si*♭, phoniquement égaux à sol ♯ la ♯ (2 ou seconde maj. intervalle conjoint) ;

Maxime par le chiffre et minime par la distance, comme ${}^{sol}_{do}$♯ phoniquement égaux à ${}^{sol}_{ré}$ (4 ou quarte min. intervalle minime) et *vice versa*.

(9) **Abstraction** faite de l'intervalle enharmonique, pratiquement accepté comme un même son sous deux noms différents, le plus petit des intervalles usuels est la seconde-mineure, comme *sol-la*♭, ou le demi-ton chromatique comme *sol-sol*♯. Le plus grand s'obtiendrait en accouplant les limites des sons appréciables.* Voici, en un tableau, l'ensemble des intervalles inclus dans l'octave. On y ajoute :

En AA', la numération ou chiffre (1 ou prime, 8 ou octave) ;

En BB', la gradation ou manière d'être (dim. — aug.) ;

En CC', la distance exprimée en demi-tons pour les deux notes de chaque cas ;

---

* D'après Favart de l'Institut, ces limites seraient approximativement représentées par les nombres suivants : 16 vibrations par seconde pour le son le plus grave et 48,000 pour le son le plus aigu. Despretz pousse ce dernier chiffre jusqu'à 73,000.

en DD', la limite (minime ou maxime).

D'	Maximes.													
C'demi-tons.	12	11	10	12	11	10	9	10	9	8	7	8	7	6	5
B'gradation.	0	dim.	sous dim.	aug.	maj.	min.	dim.	aug.	maj.	min.	dim.	aug.	maj.	min.	dim.
A'numération.	8			7				6				5			
Notation.															
A numération.	1			2				3				4			
B gradation.	0	aug.	sur aug.	dim.	min.	maj.	aug.	dim.	min.	maj.	aug.	dim.	min.	maj.	aug.
C demi-tons.	0	1	2	0	1	2	3	2	3	4	5	4	5	6	7
D	Minimes. (39)														

Par le tableau précédent, on voit que tous les intervalles se métamorphosent dans un ordre symétrique et inverse, par suite du renversement : A-D deviennent A'-D', et réciproquement. On remarque encore que la somme des chiffres en A A, égale toujours $8 \times 1 = 9$; $7 \times 2 = 9$, etc. et celle des chiffres en C C', toujours 12, qui est ici le chiffre des demi-tons inclus entre la prime et l'octave.

Sachant bien le rapport respectif des quatre termes de la gradation (parag. 5) et la métamorphose que le renversement fait subir à chaque terme ainsi qu'à chaque chiffre, ce qu'il faut connaître ou retenir des intervalles, peut se réduire

    Au 2 majeur, composé de 1 ton ou 2 demi-tons,

    Au 3   — ,   —   2 tons, ou 4   —   ,

    Au 4   —   ,   —   3 tons, ou 6   —   .

Ceux-ci connus, rien n'est plus facile que d'en changer la gradation par l'accidentation, et de répondre ainsi à toutes les questions posées. Si l'intervalle demandé est maxime, on le renverse d'abord pour l'accidenter ensuite, s'il y a nécessité. Ainsi, pour trouver le 7 dim. de *ré* ♮ , il faudrait monter gammiquement de la prime à la septième (1 ré, 2 mi, 3 fa, 4 sol, 5 la, 6 si, 7 do), ce qui donnerait do/ré pour les deux notes, ré/do pour le renversement, et finalement ré/do♭ pour la gradation, puisque le 2 aug. répond au 7 dim. demandé. Le *do* ♭ serait donc la réponse à la question. La recette reste la même pour l'intervalle redoublé (limite 3), après l'avoir préalablement ramené dans sa limite naturelle (parag. 4).

QUESTIONNAIRE

Comment existe ou se produit l'intervalle (V. parag. 1) ?

Comment le désigne-t-on (parag. 2) ?

Déduction faite de la limite naturelle, constituée par les sons 1, 8, quels noms portent les intervalles de première, de seconde et de troisième limite, et quels sont les deux chiffres formant bordures à la première et à la seconde (parag. 3) ?

Que fait-on pour. ramener l'intervalle redoublé dans ses limites naturelles (parag. 4)?

Comment se nomment les quatre gradations modificatives de l'intervalle, et quels en sont respectivement les rapports (parag. 5)?

Quelles gradations peuvent modifier la prime et l'octave (parag. 6)?

Quels intervalles sont susceptibles de se renverser et comment s'en obtient le renversement (parag. 7)?

Quelles notes, par rapport à *sol*, fourniraient 1° l'exemple d'un intervalle conjoint, 2° l'exemple d'un intervalle disjoint (parag. 8)?

Quel est le plus petit intervalle du système musical usuel (parag. 9)?

Quel serait le 7 maj. (sous-entendu supérieur) de *sol*, etc.?

ÉTUDE 12.   (*Intonation.*)

(1) En comparant tour à tour chaque note d'une même gamme avec toutes les autres, il est facile de remarquer que chacun des intervalles compris de 2 à 7 s'y présente sous deux gradations différentes en majeur et sous trois en mineur, au moins pour les intervalles 2, 4, 5, 7, de ce dernier mode. En effet, on y trouve :

EN MAJEUR	Faces		EN MINEUR	Faces
Le 2 min. maj	2		Le 2 min. maj. aug . . .	3
— 3 —	2		— 3 min. maj	2
— 4 —	2		— 4 dim. min. maj.	3
— 5 —	2		— 5 min. maj. aug. . . .	3
— 6 —	2		— 6 min. maj	2
— 7 —	2		— 7 dim. min. maj. . . .	3

(2) Quelques-uns des précédents intervalles sont difficiles d'intonation, surtout pour les voix. Les suivants le sont de plus en plus, en partant du premier inscrit :

7 dim., 5 min. et 4 maj., 7 min. 7 maj., 2 aug., 5 aug. et 4 dim.

PROPOSITION

Chanter ou jouer métriquement (en mesure) avec reprises facultatives chacune des notations E J. Ces exercices ont pour objet :

Le *premier* (E), de bien assurer l'intonation des deux notes principales de la tonalité (la tonique et sa dominante), ce qui, pour les instruments à pistons, fournit en même temps les notes radicales * des deux gammes, c'est-à-dire, les

---

* On les obtient à vide ou sans l'auxiliaire des pistons.

notes que les pistons transposeront ensuite, afin de combler gammiquement les espaces compris entre elles ;

Le *second* et le *troisième* (F G), de bien établir l'intonation et la différence respective des deux gammes, ce qu'on obtient en les répétant plusieurs fois séparément, et plusieurs fois alternativement. Cependant, et avant d'aborder la gamme mineure (G), on fera bien de choisir l'une des notations *a b* et de la répéter, d'abord intégralement, puis en sautant la troisième mesure notée en noir, moyen plus certain de se rendre maître de la seconde augmentée (degrés 6-7) qui en est la difficulté pratique ;

Le *quatrième* (H) et les suivants (I J), de bien fixer dans la mémoire de chacun l'intonation des intervalles difficiles.

Pour les voix, l'attaque de chaque note se fera préférablement par son nom, ou bien par la syllabe *la* (V. E), si la direction y trouve avantage.

Pour les instruments à pistons, l'attaque se fera par le coup de langue *tu* portant sur la note d'emprunt, préalablement ramenée au son voulu par les pistons spéciaux. En F G, la note d'emprunt est figurée par un petit point placé au-dessus de la grosse note, et le doigté, par le chiffre des pistons à enfoncer, indications supprimées en H-J entièrement écrits avec les précédentes notes. Voir d'ailleurs page 21.

Nous ferons observer, une fois pour toutes, que les exercices du présent solfége ont été intentionnellement maintenus dans des limites à peu près accessibles à toutes les voix et à tous les instruments, et que, lorsqu'il s'agira de les faire exécuter collectivement par ces derniers, on devra les grouper par tonalité. en procédant séparément, c'est-à-dire en faisant jouer collectivement tous les instruments si ♮ d'abord, puis tous les instruments *mi* ♮, et enfin tous les instruments *la* ♮, s'il y en a.

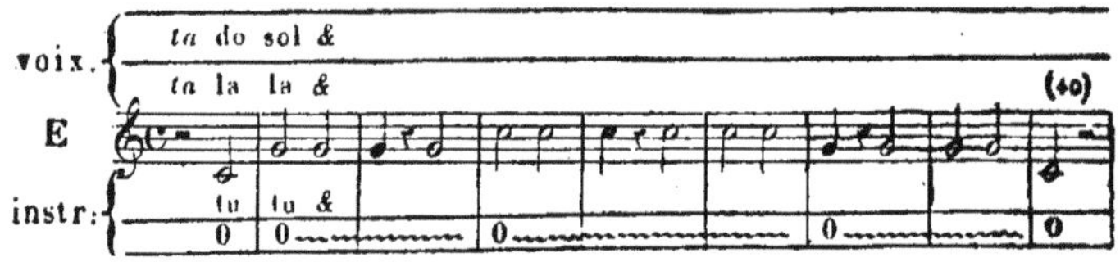

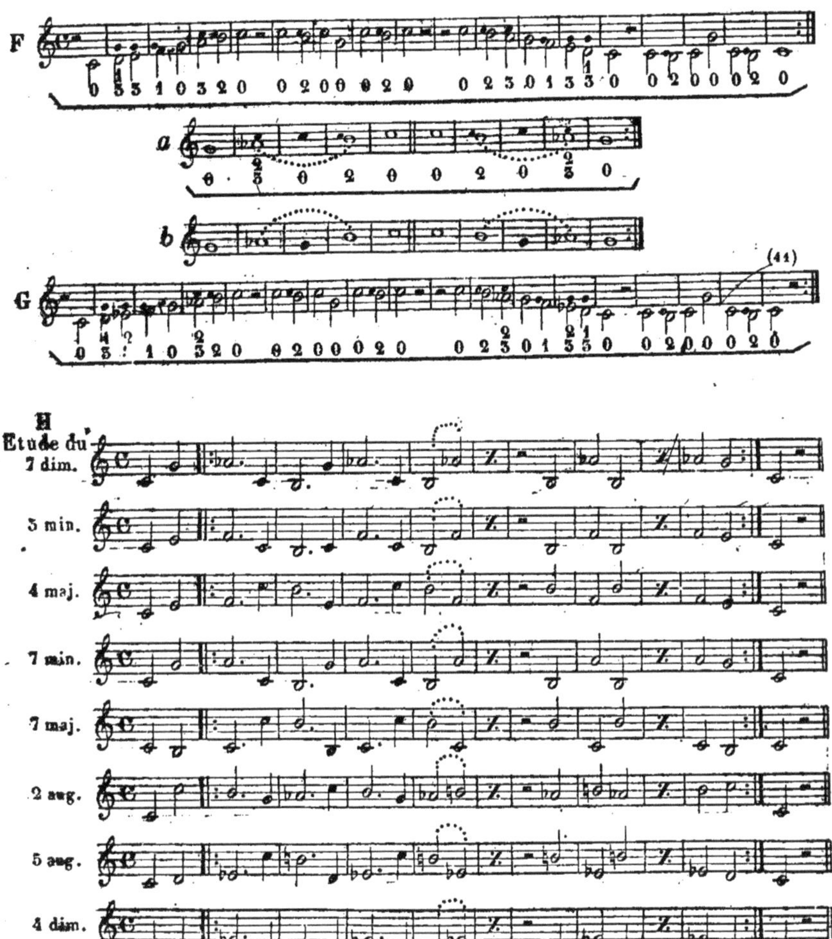
F
a
b
G
(41)
H
Etude du
7 dim.
3 min.
4 maj.
7 min.
7 maj.
2 aug.
5 aug.
4 dim.
(12)

Etude des intervalles diatoniques en majeur. (Do.)

I
Les 2 secondes
(a b)
et la prime.

Les 2 tierces
(a b)
et les 2 secondes.

Les 2 quartes
(a b)
et les 2 tierces.

Les 2 quintes
(a b)
et les 2 quartes.

Les 2 sixtes
(a b)
et les 2 quintes.

Les 2 septièmes
(a b)
et les 2 sixtes.

L'octave
(a)
et les 2 septièmes.

(43)

Etude des intervalles diatoniques en mineur. (do.)

J
Les 3 secondes
(a b c)
et la prime.

Les 2 tierces
(a b)
et les 3 secondes.

Les 3 quartes
(a b c)
et les 2 tierces.

Les 3 quintes
(a b c)
et les 3 quartes.

Les 2 sixtes
(a b)
et les 3 quintes.

Les 3 septièmes
(a b c)
et les 2 sixtes.

L'octave
(a)
et les 3 septièmes.

(44)

ÉTUDE 13. *(Rhythme et Intonation.)*

Dans l'exercice suivant, noté aussi bien pour les voix que pour les instruments, on doit avoir soin :

1° Pour les voix, de chanter nominalement et clairement chaque note, en articulant sèchement et faiblement chaque silence par la syllabe déjà proposée (*ta*, p. 8).

2° Pour les instruments, d'attaquer chaque note par un coup de langue doux, en comptant mentalement les silences, et, s'il y a lieu, en dessinant la mesure avec le pied (Étude 9, parag. 4).

On pourra cependant, sur intonation donnée, précéder cette exécution d'une lecture rhythmique, mais en soutenant exactement chaque note et en articulant chaque silence, comme on vient de le dire pour les voix. Cette lecture préalable est désormais recommandée.

EXERCICE.

Mélodique et rhythmique, vocal ou instrumental.

ta mi ta &
ta ta mi &
mi sol ta &
ta mi sol ta &
ta mi sol &
mi ta do ta &
ta mi ta do &
mi fa sol ta &
ta mi fa sol &
sol ta ta &
ta tata &
ta ta &
ta ta tata &
ta ta &
ta ta ta &
ta ta &
mi tata &
ta ta &
ta tata &
ta ta ta &
ta ta &
(16)

28
29 mi ta &
30 ta tata &
31 ta ta &
32 ta ta ta &
33 ta &
34 mi tata &
35 ta ta &
36 ta ta &
37 ta ta &
38 mi ta &
39 ta ta &
40 ta &
41 ta &
42 ta &
43
44 mi ta
exéc:
45 ta mi &
(47)
4

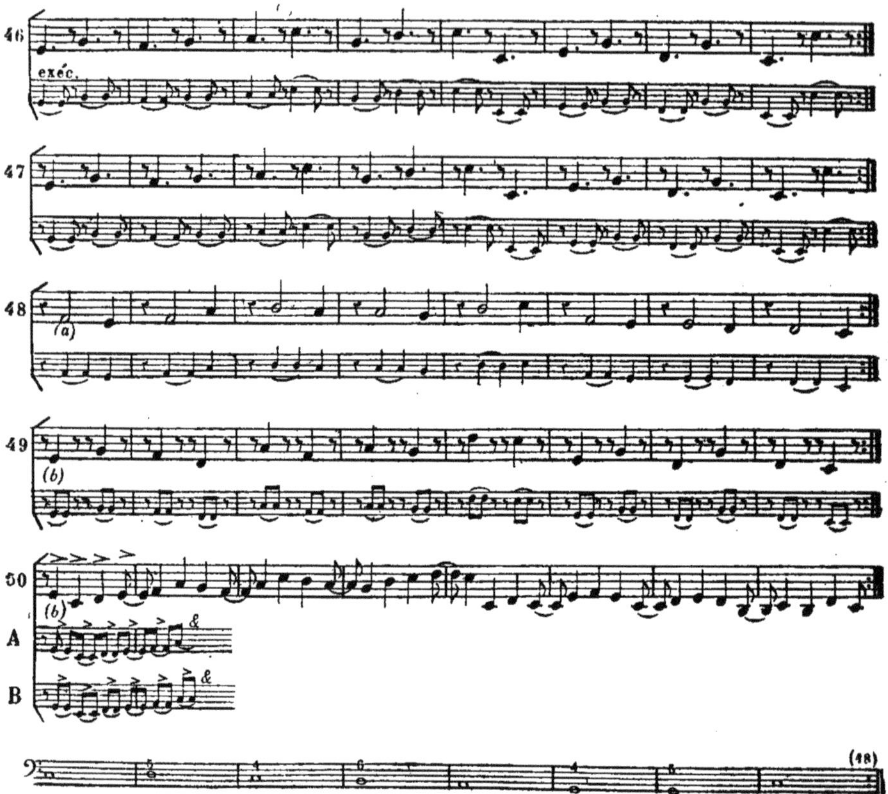

REMARQUE. Toute note entrant sur une partie de la mesure relativement plus faible que celle qu'elle représente, a le caractère de la *syncope* : telles sont les valeurs *a b* (vers. 48-50) entrant, l'une (*a*) sur un quart de mesure lorsqu'elle en exprime la moitié, et les deux autres (*b b*) sur un huitième de mesure lorsqu'elles en expriment le quart. Les rhythmes de ce genre sont aussi nommés *retards*, parce que chaque note semble y retarder son entrée de la moitié de sa valeur ou durée.

La version 50 et les analogues s'écrivent parfois comme en A, et assez fréquemment comme en B, où la coupe, par une sorte d'enjambement, régit la durée en déplaçant l'unité de temps représentée par les deux croches. Celle-ci a de l'élégance, mais la première est métriquement plus conforme à la division de la mesure.

ÉTUDE 14.   (*Articulation et nuance.*)

Le style musical ne porte que sur deux points : l'ARTICULATION et la NUANCE. L'une et l'autre se divisent en deux branches, ce qui fait, en totalité, quatre cas principaux : le *coulé* et le *détaché*, la *forte* et le *piano*. Les auxiliaires graphiques de ces quatre cas, modifiables par le plus ou le moins, sont :

(POUR L'ARTICULATION.)

Le *point long*, réduisant la durée approximativement de moitié ou des deux tiers, selon les exigences du style, ce qui généralement signifie que la note sur laquelle on le place, doit être attaquée avec une certaine force, soit par la syllabe pour les chanteurs, soit par le coup de langue pour les instruments. (ı)

Le *point rond*, réduisant la durée d'un quart ou d'un tiers, selon la manière de l'interpréter ou les exigences du style, ce qui sous-entend toujours une attaque plus douce que dans le précédent cas; . . . . (·)

Le *piqué legato*, exprimant la même chose, à cela près du son que, pour chaque note, on attaque doucement, sans en réduire sensiblement la durée. On l'exprime par la réunion du point rond et du coulé; . . (⌒••••)

L'*accolade* ou *coulé simple*, indiquant la liaison absolue des sons graphiquement représentés par les notes qu'elle enveloppe, ce qu'on obtient en posant le tout sous une même émission (syllabe ou coup de langue) articulée une fois pour toutes en commençant chacune des séries qu'elle régit. . . . . (⌒)

L'*accolade* ou *coulé double*, formée de plusieurs accolades enveloppées par une plus grande, ce qui signifie qu'on doit articuler, par la syllabe ou le coup de langue, la note initiale de chaque coulé partiel, mais très-faiblement. (⌒⌒)

(POUR LA NUANCE.)

Le *soufflet*, indiquant une sonorité progressivement réduite ou augmentée, selon que la pointe du signe, représentative de la faiblesse, est à droite ou à gauche du lecteur. On peut l'étendre à volonté sur une ou plusieurs notes, et même sur plusieurs mesures successives; . . . (>•<)

Le *losange* indiquant l'augmentation et ensuite la réduction de la sonorité, signe dont l'extension est également facultative. . . . . (<>)

Le *crescendo* indiquant l'augmentation progressive de la sonorité, ce qu'on écrit ordinairement en abrégé; . . . . (*Cres.*)

Le *decrescendo* et ses synonymes (diminuendo, morendo, smorzando, etc. V. ci-dessus) exprimant l'effet inverse; . . . . (*Decres.*)

Le *forte piano* ou *forcez* indiquant la force et la faiblesse, ce qu'on obtient par une émission, immédiatement réduite; . . . . (*Fp. Fz.*)

A ces indications principales s'ajoutent encore une foule d'épithètes italiennes, dont voici l'ensemble à peu près complet, quant aux plus connues. Nous y joignons ce qui précède, en rangeant le tout par ordre alphabétique, afin d'en faci-

---

* Quelques novateurs placent le premier des deux signes verticalement sur la note, la pointe en l'air en forme de chapeau, mais sans indiquer la contre-partie de cette fantaisie.

liter l'usage. On y voit, d'après les meilleurs auteurs (Vergani, Vénéroni, Zotti, G. Martinelli, le R. P. di Mathias, etc.) en A, l'orthographe italienne; en B, la prononciation figurée; en C, la traduction; en D, les abréviations les plus usitées.

A	B	C	D
A piacere	a piatchère	à plaisir	a piac.
A tempo	a temepo	au temps	
Accelerando	atchélérando	accélérant (en)	acceler.
Affetuoso	affetouoso	affectueux	
Agitato	adgitato	agité	agi.
Alla	alla	à la	
Al segno	al segno	au signe (renvoi)	A. S.
Allegro	allegro	gai, gaiement	all°
Allegretto	allegretto	diminutif du précédent	all^to
Alto	alto	partie basse (des femmes)	
Amabile	amabilé	aimable	
Amoroso	amoroso	amoureux	amor.
Andante	anedanté	mouvement paisible	and^e
Andantino	anedantino	diminutif d'andante	and
Anima (con)	anima	âme (avec)	anim.
Animare	animaré	animer	anim.
Animate	animaté	animez	anim.
Animato	animato	animé	anim.
Assai	assa-i	assez	
Attaccare	attac-karé	attaquer	attac.
Attaccate	attac-katé	attaquez	attac.
Attaccato	attac-kato	attaqué	attac.
Bassi	bassi	basses	
Basso	basso	basse	
Bene	bené	bien	ben.
Brio (con)	brio	entrain (avec)	
Brioso	brioso	vif	
Calando	calando	diminuant (en) baissant	calan.
Calore (con)	caloré	chaleur (avec)	
Cantabile	cane-tabile	bien chanté	canta.

Canto	cane-to	chant	
Cappella	cappella	chapelle	
Cappriccio	capritchio	caprice	
Comodo	comodo	commodément	
Con	cone	avec	
Crescendo	creschéndo	croissant (en)	cres.
Da capo	da capo	à la tête	D-C.
Decrescendo	décrès-chènedo	décroissant (en)	decres.
Delicatezza (con)	délicatetza	délicatesse (avec)	
Diminuendo	diminou-ènedo	diminuant (en)	dimi.
Dolce	dolché	doux	
Dolore (con)	doloré	douleur (avec)	
Doloroso	doloroso	triste	
Duetto	douètto	petit duo	
Duo	douo	deux (à)	
Energico	enerdgico	énergique	energ.
Espressione	espréssione	expression	espress.
Espressivo	espressivo	expressif	espress.
Feroce	férotché	féroce	
Forte	forté	fort	f.
Fortissimo	fortissimo	très-fort	ff.
Forza (con)	fortza	force (avec)	
Forzando	fortzando	forçant (en)	fz.
Forzate	fortztaté	forcez	fz.
Fuoco (con)	fouoko	feu (avec)	
Furioso	fourioso	furieux	
Giusto	dgiousto	juste	
Grazioso	gratzioso	gracieux (avec grâce)	graz.
Gusto (con)	gousto	goût (avec)	
Impeto	impéto	impétueux	
In	ine	dans, en	
Languido	lanegouido	languissant	larg
Larghetto	larguetto	un peu large	
Largo	largo	large	

Legatissimo	legatissimo	très-lié	legat^me
Legato	legato	lié	
Leggiere	lédgièré	léger	
Lentissimo	lènetissimo	très-lent	
Lento	lène-to	lent	
Lusingando	louzinegando	flattant (en)	
Maëstoso	maëstoso	majestueux	maëst.
Marcato	marcato	marqué	marc.
Mezzo	mèdzo	moitié	mez.
Minuetto	minouètto	menuet	
Moderato	moderato	modéré	mod°
Moltissimo	moltissimo	augmentatif de molto	molti°
Molto	molto	beaucoup	
Morendo (in)	mo-rène-do	mourant (en)	mor.
Mossa (più)	mossa (piou)	mouvement (plus pressé)	
Moto (più)	moto (piou)	id.	
Perpendosi	perpènedosi	en mourant	
Piacere (a)	piatchèré	plaisir (à)	piac.
Pianissimo	pianissimo	très-doux	pp.
Piano	piano	doux	p.
Piccolo	piccolo	petit	
Più	piou	plus	
Poco	poco	peu	
Poco a poco	poco à poco	peu à peu	
Prestissimo	prestissimo	très-vite	prest°
Presto	presto	vite	
Primo	primo	premier	1°
Quasi	qouasi	presque	
Rallentando	ral-lène-tando	rallentissant (en)	ral.
Religioso	rèli-dgio-so	religieux	relig
Rinforzando	rine-fortzando	renforçant (en)	rinf.
Ripieni	ripiéni	remplissage, accessoires	rip.
Ripieno	ripiéno	remplissage	rip.
Risoluto	risolouto	résolu, décidé	riso.
Ritardando	ritar-dane-do	retardant (en)	ritar.
Ritenuto	riténouto	rétenu	riten.
Skherzando	skerdzando	badinant (en)	scher.

Scherzo	scherdzo	badinage	scher.
Secondo	séconedo	second	2°
Seguite	ségouité	suivez, de même	seg.
Seguito	ségouito	suite, même chose	seg.
Sempre	semepré	toujours	semp.
Sforzando	sfordzando	forçant (en)	sf.
Smorzando	smordzanedo	éteignant (en)	sm.
Soli	soli	seuls	
Solo	solo	seul	
Sopra	sopra	sur	sop.
Soprani	soprani	parties hautes des femmes.	sop.
Sopranino	sopranino	petit soprano	sop.
Soprano	soprano	partie haute des femmes	sop.
Sostenuto	sostenouto	soutenu	sost.
Sottovoce	sottovotché	à mi-voix	s. voce
Spirito (con)	spirito	esprit (avec)	
Spiritoso	spiritoso	spirituel	
Staccato	staccato	détaché, sec	stac.
Stretta	stretta	serrée	stret.
Stretto	stretto	serré	stret.
Stringendo	strine-dgene-do	serrant (en)	strin.
Tranquillo	traneqouil-lo	tranquille	
Tempo (di minuetto)	tempo (di minouetto)	temps de menuet	
Tempo (primo	tempo (primo)	temps primitif	tempo 1°
Tenuto	tenouto	tenu, soutenu	ten.
Terzo	terdzo	trois	
Tre	trè	trois	
Trio	trio	à trois	
Troppo	troppo	trop	
Tutti	toutti	tous	
Uno	ouno	un	
Un	ouné	un	
Vivace	vivatché	vif	
Voce	votché	voix	

Tous ces mots, selon les exigences de l'expression, se modifient souvent par des accouplements, comme, par exemple, *più allegro, allegro moderato, allegro assai. allegro spiritoso,* etc. (plus vite, vitesse modérée, assez gai, gai avec esprit, etc.

mais, quelque soit le nombre des notes réunies, il sera toujours facile d'en trouver le sens à l'aide du recueil alphabétique ci-dessus.

EXERCICE SUR L'ARTICULATION.

Solfier ou jouer les versions 1-4, soit dans l'ordre vertical ou comparatif (par colonne), soit dans l'ordre horizontal ou terminatif (par portée), mais en exécutant le tout tel qu'on le voit écrit en petites notes, et en comptant mentalement tous les silences dont on peut désormais supprimer l'énoncé jusqu'à l'étude rhythmique de la double croche (Étude 20). Les attaques se feront par les syllabes gammiques pour les voix, et par le coup de langue (*tu*) pour les instruments. La notation 4 n'étant absolument possible que par la vocalisation, dont l'emploi serait ici prématuré, on y suppléera par un legato relatif, c'est-à-dire, en soutenant bien chaque son et en articulant faiblement chaque syllabe gammique :

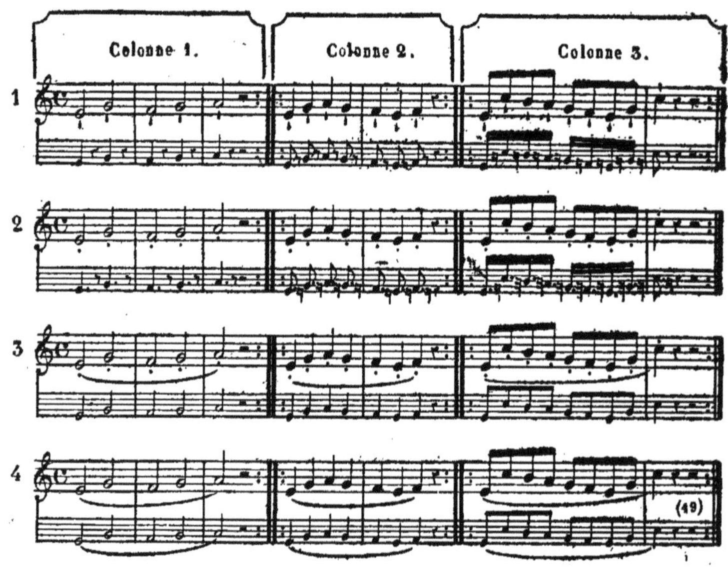

EXERCICE SUR LA NUANCE.

En général, l'augmentation et la diminution s'appliquent, l'une aux successions ascendantes, l'autre aux successions descendantes : 10 est conforme aux tendances naturelles du style, 11 en est l'inverse, proposé comme exercice seulement.

EXERCICE AVEC ARTICULATION ET NUANCE.

ÉTUDE 15. *(Exercices sur les mesures)*.

L'objet des notations suivantes est de présenter un préalable ensemble des mesures les plus usitées, et selon l'ordre suivi au tableau de la page 6. Les deux parties peuvent en être travaillées séparément et accouplées ensuite, sous la condition d'une même tonalité pour les instruments. Chaque exposé s'y présente sous les formes progressives de l'air varié, comme à la page 23, c'est-à-dire, sans modulation et avec la croche pour limite des quantités rhythmiques. Le tout sera solfié, s'il s'agit des voix. S'il s'agit des instruments, chaque note ou série de notes régie par le coulé, comme au n° 47 et aux numéros suivants, sera attaquée par un coup de langue doux, en général. Quant au mouvement de la mesure, on est toujours libre d'en modifier les allures, malgré les indications métronomiques.

✳ Dans le cours de ce premier livre et du suivant, toutes les indications relatives à la durée de la mesure ont été exclusivement réglées sur le Métronome de *Maëzel* qui, du reste, est à peu près le seul en usage.

Blanche et valeurs précédentes.
Noire et valeurs précédentes.
Croche et valeurs précédentes.
Unité de mesure et ses déplacements (v. nº 14, 15.)
138 =
(54)

Noire et valeurs précédentes.
Croche et valeurs précédentes.
(108 =)
Unité de mesure et ses déplacements (19, 20.)
1 2 3
(132 =)
Blanche et valeurs précédentes.
(55)

Noire et valeurs précédentes.
22 (108=♩)
Unité de mesure et ses déplacements (24, 25.)
23 (144=♩)
24
25
Noire et valeurs précédentes.
26
Croche et valeurs précédentes.
27 (176=♩)
Unité de mesure et ses déplacements (29,30.)
28 (138=♩) (56)

29
30
Croche et valeurs précédentes.
31
Unité de mesure et ses déplacements (33, 34.)
32
(100 =)
33
34
Noire et valeurs précédentes.
35
(84 =)
(57)
p

Croche et valeurs précédentes.
36 (66 = ♩)
Unité de mesure et ses déplacements (38, 39.)
37
38
39
Blanche et valeurs précédentes.
40
Noire et valeurs précédentes.
41 (60 = ♩.)
Unité de mesure et ses déplacements.
42 (100 = ♩.)
(58)

Appendice aux notations ci-dessus, avec le concours
de l'articulation et de la nuance.

48
Mod.to
(66 = ♩.)
49
Mod.to
(88 = ♩)
(60)

50
Mod.to
(80=♩)
fz
fz
51
Lento.
(52=♩.)
V.S.

cresc.
f
52
All⁰
(54 = ♩.)
p
fz
fz
fz
fz
p
p
fz
cresc. — — — dim. — — —
p
fz
cresc. — — — — —
p
(62)

53
All^tto
(76 = ♩)
p
fz
fz
>
>

54
Mod^to
(66 = ♩.)
f
fz
fz
V.S.
(63)

55
Mod.to
(200=♩)
p
fz
fz
(64)

ÉTUDE 16. (*Genres*).

La musique moderne, dans sa notation, présente trois cas particuliers. Ces trois cas ou genres, selon les termes de l'école grecque, à laquelle nous les devons, sont le genre

1° *Diatonique*, formé par les notes, conjointes ou disjointes, d'une même gamme ;

2° *Chromatique*, formé par le demi-ton, ou, plus exactement, par le change de niveau sous un même nom ; comme *do* et do ♯ ;

3° *Enharmonique*, formée par le change de nom sous un même niveau, ou à bien peu près, comme *do* ♯ et *ré* ♭.

Des deux premiers cas résultent deux sortes de demi-tons, l'un diatonique comme *mi fa* ; l'autre chromatique, comme mi ♮ mi ♯ ; l'un majeur, l'autre mineur, selon les applications plus ou moins admises [*].

PROPOSITION

Fournir un exemple verbal ou graphique des trois précédents cas, puis solfier ou jouer ce qui suit :

SPÉCIMEN GAMMIQUE DES TROIS GENRES.

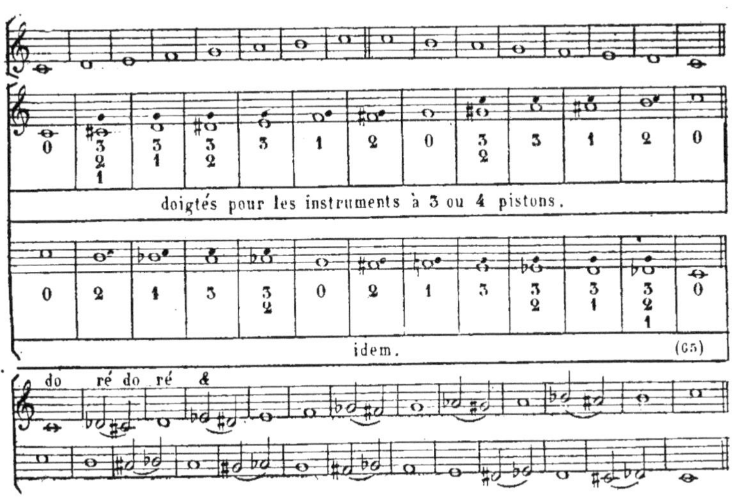

---

[*] Cette matière, traitée par quelques savants, a donné lieu à des travaux intéressants, mais d'un ordre trop élevé pour convenir aux modestes limites d'un enseignement purement élémentaire et pratique.

* Doigtés pour les cas où la note radicale ou d'emprunt serait *mi* au lieu de *sol*, ce qui est entièrement facultatif.

ÉTUDE 17.

(*Tonalités*).

On a déjà dit (p. 14, parag. 7),

1° Que pour constituer la tonalité et la modalité sans équivoque, les degrés nécessaires sont :

En maj. 3,5,7 pour la tonalité, 3 ou 6 pour la modalité ;

En min. . . 7   —   , 3 ou 6   —   ;

2°, Que, pour les deux modes d'une même gamme (*do*, *do*), la différence ne porte que sur les modales (degrés 3 et 6) majeures en majeur, mineures en mineur ;

3°, Que la génération des accidents constitutifs des tonalités porte sur la loi des quintes ou se produit de cinq en cinq en montant pour les ♯, et de cinq en cinq en descendant pour les ♭, ce que, pour chaque note du système usuel, on peut figurer ainsi :

Nombre des accidents	1	2	3	4	5	6	7		1	2	3	4	5	6	7
Notes accidentées.	fa ♯	do ♯	sol ♯	ré ♯	la ♯	mi ♯	si ♯		si ♭	mi ♭	la ♭	ré ♭	sol ♭	do ♭	fa ♭

Séric des ♯   Série des ♭

4°, Qu'une gamme soumise à un niveau donné peut se déplacer onze fois dans les limites de l'octave, pôles naturels de notre système musical, ce qui fait, en totalité, vingt-quatre gammes différentes, ou vingt-six, si l'on y compreud les provenances de la fusion ou jonction enharmonique qui se produit au pôle inférieur du cadran ci-contre (rayon 6).

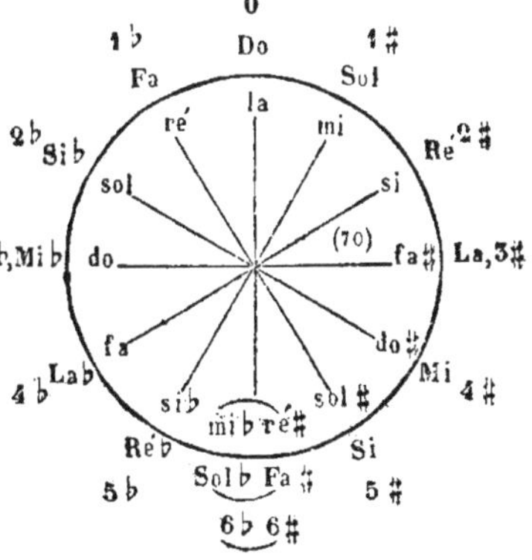

---

* Rigoureusement, cette figure devrait se remplacer par une spirale sans fin, attendu que les deux sons d'une enharmonie ne sont jamais absolument identiques, pour les musiciens comme pour les physiciens, bien que la différence en soit très-minime ; mais comme un système limité et praticable était nécessaire, on y a pourvu en formant le cercle par une jonction enharmonique, rendue possible par une série de ménagements préalables nommés *tempérament*.

Si l'on résume, le précédent ensemble peut à la rigueur se réduire à deux types : le majeur et le mineur; mais il n'en est pas moins certain qu'une teinte séparative se place entre chacune des présentes tonalités, et qu'une gamme ne peut changer de niveau sans changer de caractère en même temps, lors même que ce niveau se présente sous les mêmes apparences d'une égalité enharmonique, comme *do* ♯ et *ré* ♭ qui n'ont pas exactement le même nombre de vibrations. En général, et en partant d'un niveau normal ou déterminé, l'éclat des gammes, au moins pour les instruments, subit une augmentation progressive en allant aux ♯, et une réduction en sens inverse en allant aux ♭, c'est-à-dire, en allant de A à C pour le premier cas, de A à B pour le second :

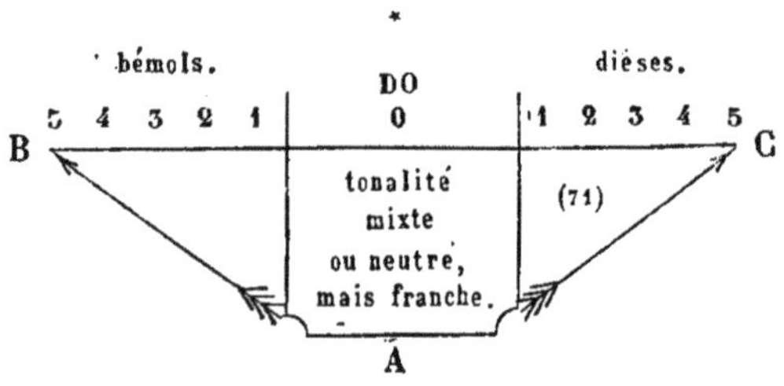

PROPOSITION

Récitez, numériquement ou dans le même ordre, la série des ♯ et la série des ♭ constituées en sens inverse l'une de l'autre (parag. III); puis, étant donnée, trouver

1° Le numéro de son rayon au cadran ci-dessus ;

2° Le nombre des accidents qu'elle porte à la clé ;

3° La distance, en accidents, qu'il y a d'elle à une autre tonalité quelconque ;

4° Son éclat, en plus ou en moins, par rapport à celle-ci; puis enfin, passer à l'exécution des morceaux suivants. Ces morceaux, écrits dans les tons de 1 à 5 ♯, et de 1 à 5 ♭, sont notés à peu près sans modulation, surtout pour la principale (partie haute). On fera bien de n'en accoupler les deux parties qu'après les avoir travaillées séparément.

---

* Cette figure est limitée au cinquième accident à cause du caractère équivoque présenté par les tonalités du sixième (6 ♭ et 6 ♯), tonalités homophones.

1
Sol
(108 = ♩)
Mod.to
fp
fp
fp
fp
2
Mi
(76 = ♩)
All.tto
p
fp
fp
cresc.
cresc.
p
fp
fp
riten.
tempo I.o
(72)

riten.
3
RÉ
Allo. résoluto.
(100 =)
&
fp
fp
fp
cresc
f
f
fz
fz
fz
fz
fz
p
cresc
cresc
f
f
p
f
p
f
p
(73)

4
SI
And^no
(160 = ♩)
p
p
fz
f:
f:
p
p
dim. _ _ _
(74)

5
La
Allo modto
(108 =)
&
fz
fz
&
fz
fz
&
&
fz
fz
fz
fz
p
p
(75)

6
FA#
176 =)
Lento
&
cresc.
dim
f
f
fp
fp
fp
(76)

7
M1
Allo.
(126 =)
p
fp
fp
fp
fp
fp
fp
fp
fp
fp
fp
fp
fp
fp
8
Modto.
(76 =)
(77)
p
f:
p
f:
p
f:
p
f:
p
f:
p
f:
p
f:
f:
f:

cresc.
ff
ff
(78)

9
S¹
Mod.to
(108 = ♩)
p
cres
ff
cres
ff
p
fz
p
f
fz
fz
fz
fz
p
f
f
p
p
f
p
f
fz
fz
pp
fz
fz
(79)
f
p
f
fz
pp

10
SOL #
Allo. modto
(72 = ♩)
f
(so)

11
FA
(80 = ♩.)
Alltto (chasse)
f
1re fois.
2e fois.
cres — — f
p
cresc.
ff
dim. — — — — — — —
(31)

12
RÉ
And^{no}
sempre stac.
(72 = p)
p
fz
fz
sempre stac.
fp
fp
fp
fp
fp
fp
fp
fp
riten. cresc.
(82)

13
Si b.
Allo modto
(100 = ♩)
simile
p
riten.
a tempo
cresc.
p
cresc.
(33)

14
SOL
(160 = ♩)
Largo, énergico.
simile.
simile.
ben marcato.
cres
marcato.
(84)

15
Mi b
(116 = ♩)
Mod.to
cres
fp
p
cres
f
fp
fp
f
f
(85)

16
80
(168 =)
Allo modto louré.
simile.
cres.
(86)
9

17
LA ♭
(66 = ♩)
Mod.to grazioso.
simile.
simile.
p
cres.
f
cres. f
f
fz cres.
f
cres.
f
f
p
p
p
cresc.
f
f
dim
(87)

18
FA
Allo modto
V.S.

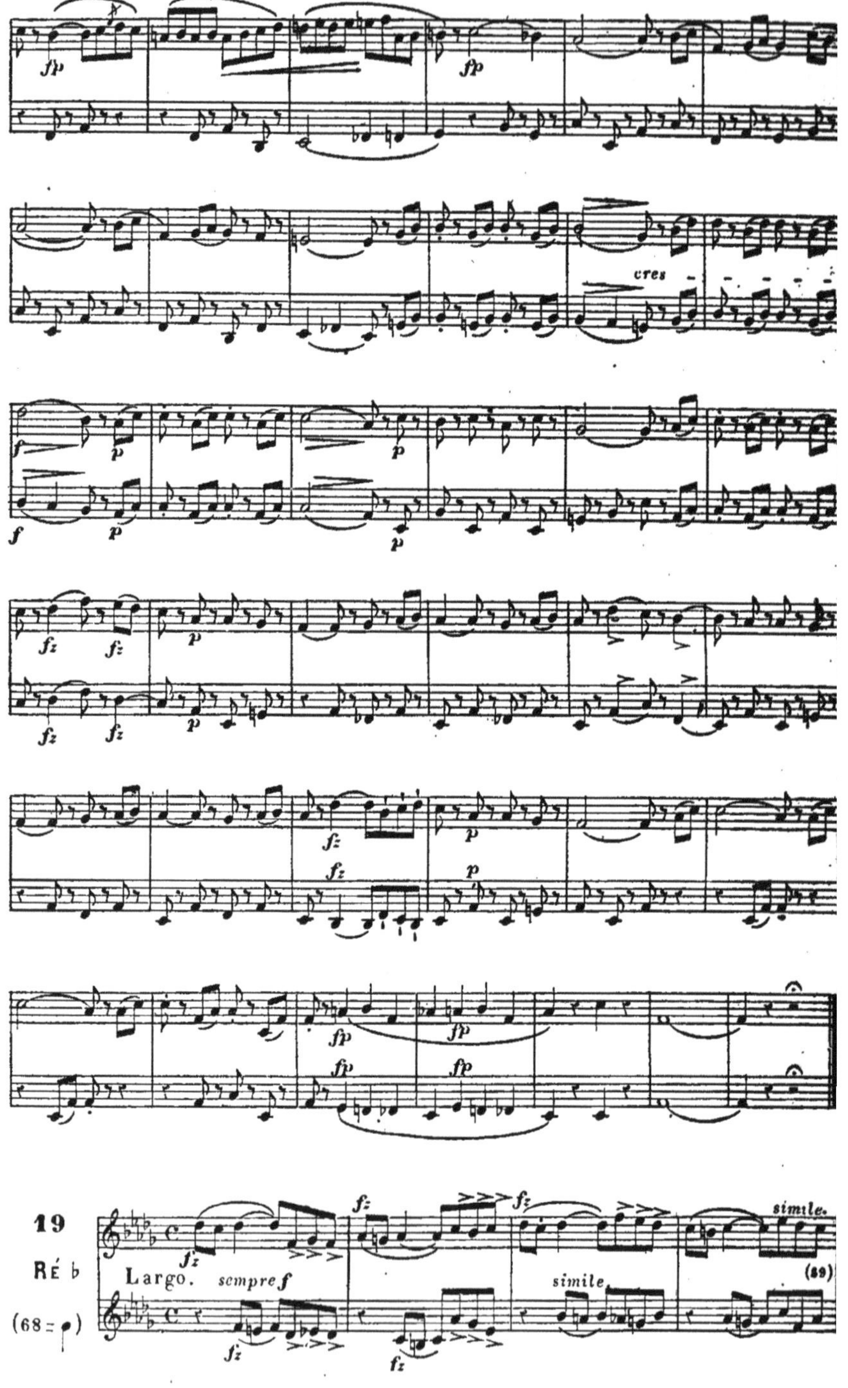
fp
fp
cres
f
p
p
f
p
p
fz
fz
p
fz
fz
p
fz
p
fz
p
fp
fp
fp
fp
19
RÉ b
(68 =)
Largo.
sempre f
fz
fz
fz
fz
simile.
simile
(89)

fz
fz
fz
fz
cres - - - - -
dim - - - - (90)

20
Si b
Mod.to
(138 = ♩)
simile.
simile.
(91)

ÉTUDE 18.   (*Modulation*).

On module dès qu'apparaît une note étrangère à la tonalité qui précède ; mais, comme on l'a déjà dit (p. 14, parag. 7), la tonalité nouvelle ne peut être complétement énoncée que par le concours ou la présence des degrés qui en ont le privilége : 4, 5, 7, plus 3 ou 6 pour le majeur ; 7, plus 3 ou 6 pour le mineur. Pour le ton de *sol*, ébauché ci-dessous par le *fa* ♯, il y aurait, en A, certitude par la présence des degrés constitutifs (7, 5, 4, 3) ; en B, doute par l'absence des degrés 3, 5, car les notes de cette dernière succession se trouvent tout aussi bien en *mi* min. qu'en *sol* maj.

La tonalité s'énonce de deux manières : mélodiquement ou harmoniquement. Le second cas peut affirmer ou nier le premier : le ton de *sol*, ébauché par le *fa* ♯ de la partie supérieure, est affirmé en C et nié en D par la déterminative du ton d'*ut*, degrés 3, 3, 4, 5, 7 de cette tonalité. Le rôle du *fa* ♯ est *fond* ou note harmonique en C, *forme* ou note mélodique en D :

Toutes les gammes, quelles qu'elles soient, peuvent se succéder dans un ordre quelconque, puisqu'elles dépendent du même cercle. Il est cependant clair que les accouplements en sont d'autant plus faciles qu'ils sont mieux préparés par la nature et le nombre des rapports. * Les éléments de cette liaison sont triaphones consonnants, les sensibilités (p. 14, parag. 2) et les notes qu'un ton

---

* Ceci, au préalable, mènerait droit à l'examen du son et du groupe considérés isolément.

Un son donné, entendu isolément, se perçoit de deux manières : 1° comme entête de tonalité ou repos du majeur, 2° comme dominante ou mouvement de deux modes, c'est-à-dire, comme cinquième degré du majeur ou du mineur. Le premier cas prime de beaucoup le second, dans l'ordre naturel de la perception.

Maintenant, si l'on remplace le son isolé par un consonnant ou accord majeur, le même effet se produit, mais plus énergiquement encore, ce qui constitue pour le son comme pour l'accord majeur isolés une propriété double. Quant à l'accord mineur, le sentiment ne le perçoit que comme repos ou entête du mineur, jamais comme mouvement ou dominante de tonalité ; d'où l'on peut conclure que, dans l'ordre génératif, le majeur est chef de file ou paternité, et que la priorité lui appartient toujours, soit dans l'ordre comparatif, soit dans l'ordre de déduction.

principal ou primitif fournit à d'autres gammes. Or, tout examen fait, et en se basant sur l'armure ou le nombre des accidents que la clé porterait pour chaque ton mis en rapport avec le ton principal, on est fondé à ranger :

1° Les entêtes ou accords-toniques qu'une gamme principale ou primitive fournit à d'autres gammes ;

2° Les sensibilités d'une gamme principale insérées, partiellement ou en totalité, dans d'autres gammes ;

3° Enfin la tonique de cette gamme principale fonctionnant encore dans d'autres gammes, mais à d'autres titres.

Dans la relation au 1er *degré*, toutes les gammes dont le ton principal fournit les entêtes ou accords-toniques, rattache puissante que la communauté des sensibilités corrobore toujours, plus au moins ;

Dans la relation au 2e *degré*, toutes les gammes qui, en dehors de la précédente relation, conservent encore, clématiquement ou à l'armure, la tonique du ton principal, et, dans quelques cas, l'une de ses sensibilités ; *

Dans la relation, au 3e *degré*, toutes les gammes qui, avec le ton principal, n'ont plus aucun des rapports précités.

Le premier cas, y compris le ton principal, fournit un ensemble de six gammes dont les entêtes se voient dans ce qui suit pour *do* et *la;* seulement, la série de gauche à droite ou en montant de *do* à *la* pour *do* maj. ton principal, et de droite à gauche ou en descendant de *la* à *do* pour *la* min. ton principal.

Entêtes	sol mi Do	la fa ré	si sol mi	do la Fa	ré si Sol	mi do la
Sensibilités. . . .	{mi-fa {si-do	mi-fa	si-do	mi-fa	si-do	mi-fa si-do

On voit que les deux extrêmes de la précédente série ont les deux mêmes sensibilités pour rattaches, ce qui a fait dire si souvent, et sans autre détail, que deux tons, à la tierce mineure l'un de l'autre, tels que *do la* ou *la do,* sont relatifs entre eux, tout comme si d'autres relations n'existaient pas !

Un secteur de trois rayons conjoints, avec le ton principal au centre, présente l'ensemble de cette relation au cercle des tonalités (p. 49).

Le second cas, y compris le noyau précédent ou les six gammes de la relation au premier degré, fournit un ensemble de quatorze gammes, dont huit nouvelles.

---

* *Do* maj. étant donné pour principal ou primitif, on trouve ses deux sensibilités (*si-do, mi-fa*) en trois et en quatre bémols (*do* et *fa* mineurs) ; *la* min. étant donné pour principal, on trouve sa sensibilité *sol* ♯ – *la* en trois et en quatre dièses, c'est-à-dire en la maj. et fa ♯ min., en mi maj. et do ♯ min. ou dans quatre gammes différentes.

Cet ensemble serait, pour *do* (majeur primitif ou principal), toutes les gammes comprises de un ♯ à cinq ♭, et pour *la* (mineur primitif ou principal), toutes les gammes comprises de deux ♭ à quatre ♯. Il est évident que ni l'une ni l'autre tonique ne s'y trouvent clématiquement altérées.

Un secteur de sept rayons conjoints, limité par une ligne diamétrale, présente l'ensemble de cette relation au cercle des tonalités (p. 49). Cette ligne coupe le cercle en deux parties égales, en totalisant par 6 les chiffres de ces deux pôles.

Le troisième cas, conjointement avec les deux précédentes relations, embrasse le cercle entier ou donne un total de vingt-quatre gammes, dont dix nouvelles.

Douze rayons conjoints présentent l'ensemble de cette relation au cercle des tonalités.

PROPOSITION

Un ton étant donné, trouver au cadran de la page 49 toutes les gammes qui en constituent la relation au premier degré d'abord, au second degré ensuite, au troisième degré enfin.

ÉTUDE 19. (*Modulation*).

Voici, pour appuyer pratiquement ce qui précède (étude 18) un petit solfége avec modulations dans toutes les relations du ton d'*ut* et de *la* pris pour départs ou tons primitifs. On y affecte,

Pour la relation au 1er degré, 10 morceaux et 2 résumés ;

— 2e — , 2 résumés ;

— 3e — , 2 résumés, toujours notés en partant des mêmes tonalités (*do* et *la*).

Selon la disposition constamment suivie dans cet ouvrage, chaque ton nouveau y est indiqué par une majuscule pour le majeur, par une minuscule pour le mineur, et de plus, par les degrés qui le constituent ou l'affirment (4, 5, 7 plus 3 ou 6 pour le majeur, 7 plus 3 ou 6 pour le mineur). Lorsque l'ensemble de ces degrés ou notes ne se trouve pas dans l'une des deux portées, on a recours à l'une et à l'autre. Si, dans cette recherche, qu'il n'est que rarement besoin de pousser au delà de quelques mesures (8, 18, 12 au plus) le résultat n'est que partiel ou incomplet, ou peut sans doute présumer le ton ou le mode, mais sans qu'il soit possible d'affirmer l'un ou l'autre avec précision.

1
DO_RÉ_DO
(132=♩)
Do
simile.
Mod.to
simile.
RÉ
Do
&
RÉ
(94)

*La 7me diminuée, bien que spéciale au mineur, s'emploie également en majeur.

3
Do_Fa_Do
(88 =)
Do
Mod.to scherzando.
simile.
simile.
Fa
Do
(96)

Do
4
Do_Sol_Do
(72 = ♩)
And.no
simile.
simile.
Sol
Do
Sol
Do
cresc:—
Do
5
Do_La_Do
(108 = ♩)
Vivace.
simile.
simile.
(97)

LA
Do
cresc.
f
fz
fz
fz
fz
fz
fz
fz
p
staccato sempre
cresc. - - - - -
cresc. - - ff
f
p
f
p
fz
fz
(98)

6
LA_SOL_LA Mod.to
(112 = ♩)
LA
p
3
SOL
7 6 5 4
7
fp
7
5 1
7
LA
7
p
6
fp 3 fp
7
fp fp
fp
fp fp fp
fp
p
(99)

7
LA—FA—LA
(69 = .)
LA
Alltto modto
fp
fp
fp
fp
FA
LA
FA
p
cresc
LA
fz
fz
p
fp
fp
fp
cresc
fp
dim (100)

8
LA _ MI _ LA
(64 = ♩.)
LA
Vivace.
MI
LA
(101)

9
LA_RÉ_LA
(69 = ♩)
LA
Allo modto
&
RÉ
LA
simile.
cres
cres
(102)

(Relation au 1er degré d'ut) 1er résumé de ce qui précède en partant d'ut.

* Dans le cours de ce livre, les tons maj. sont toujours énoncés par une Majuscule et les min. par une minuscule.

Do
Mi
La
Ré
Do
Fa
La
Ré
Sol
Do
Ré
Do
Sol
Do
(104)

(Relation au 1er. degré de *la*) 2d. résumé de ce qui précède en partant de *la*.

Do
Sol
Do
La
Ré
La
Ré
Mi
Re
Do
La
fz
(Relation au 2.d degré d'Ut) Résumé en partant d'Ut.
13
(66 = ♩)
Do
Modto
Lab
Mib
Sib
Mib
Do
Fa
V.S.
(106)

* Les relations antérieures comme ici *Fa*, relatif au 1ᵉʳ degré d'Ut, sont toujours indiquées en *petit italique*.

Do
(Relation au 2.ᵈ degré de *la*) Résumé en partant de *la*.
la
14
(132 = ♩)
Moderato.
fp
fp
fp
fp
MI
FA #
DO #
V.S.
(108)

Mi   La
Ré   Sol   modu. passagère au degré 3 (do)
Sol   Si♭
Fa
Sol   La   Ré
Si
Mi   la   ré
la
(109)

(Relation au 3ᵉ degré d'*Ut*) Résumé en partant d'*Ut*.

* Altération passagère du degré 7. (ré ♯) v. p. 13. parag. 8.

(Relation au 3e degré de *la*) Résumé en partant de *la*.

LA ♭
MI ♭
FA
DO
ré
la
Do
la
ré
Mi
la
(113)

ÉTUDE 20. *(Rhythme. Exercice 2.)*

Jusqu'alors la double-croche n'a point encore paru ; parce qu'on peut la considérer, au moins en élémentaire, comme une limite raisonnable dans l'étude des quantités, et qu'il convenait, par cela même, de ne l'aborder qu'en temps utile. On a déjà vu (p. 8 et suivantes) combien le rhythme, sorte de protée musical, est souple et mobile de sa nature. Ce qui suit en fournit un nouvel exemple, puisque trois doubles-croches, avec le soupir et le quart de soupir pour auxiliaires, ont suffi pour en tirer 104 types respectivement distincts, lesquels, modifiés par le déplacement, aboutissent finalement au chiffre énorme de cinq cent cinquante-neuf combinaisons rhythmiques. Par cet échantillon, basé sur trois figures seulement, il est facile de prévoir ce que produiraient les autres seizièmes de la durée, traités méthodiquement de 1 à 16. En présence de ces résultats, songer à la triple-croche eût été excessif et d'ailleurs superflu, attendu qu'il est toujours facile de trouver les déductions d'un ordre bien établi, surtout lorsque la marche en est clairement indiquée par les exemple (V. p. 9-13 et ci-dessous). Cependant, comme appoint final des exercices rhythmiques, peut-être ne serait-il pas inutile de tenter quelque chose avec cette *valeur*, ce que, pour les élèves, on pourrait borner à cette proposition : un nombre de triples-croches étant donné, trouver et noter quelques-unes des combinaisons possibles avec ce nombre.

Comme dans les exercices du même genre, l'émission se fera par *la* pour les notes, *ta* pour chaque silence, toujours en articulant plus fortement les notes que les silence. Quant au mouvement de la mesure, il est toujours facultatif ou laissé à la volonté de la direction, qui peut aussi n'employer des exercices proposés que ce qu'elle jugera nécessaire.

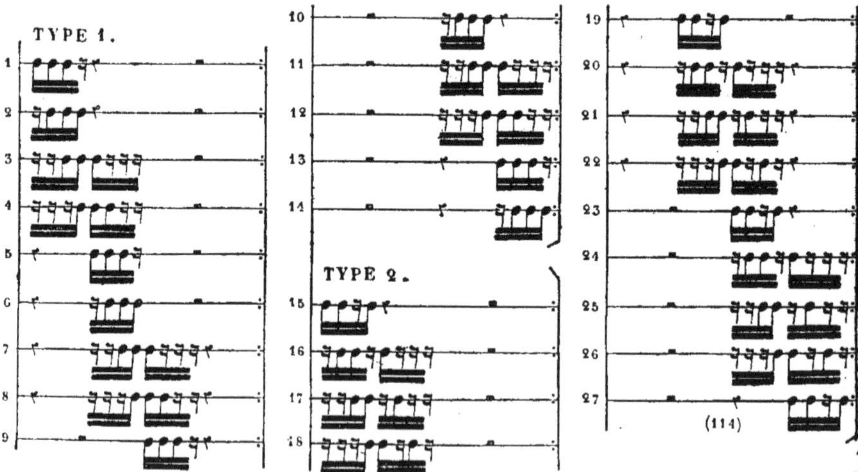

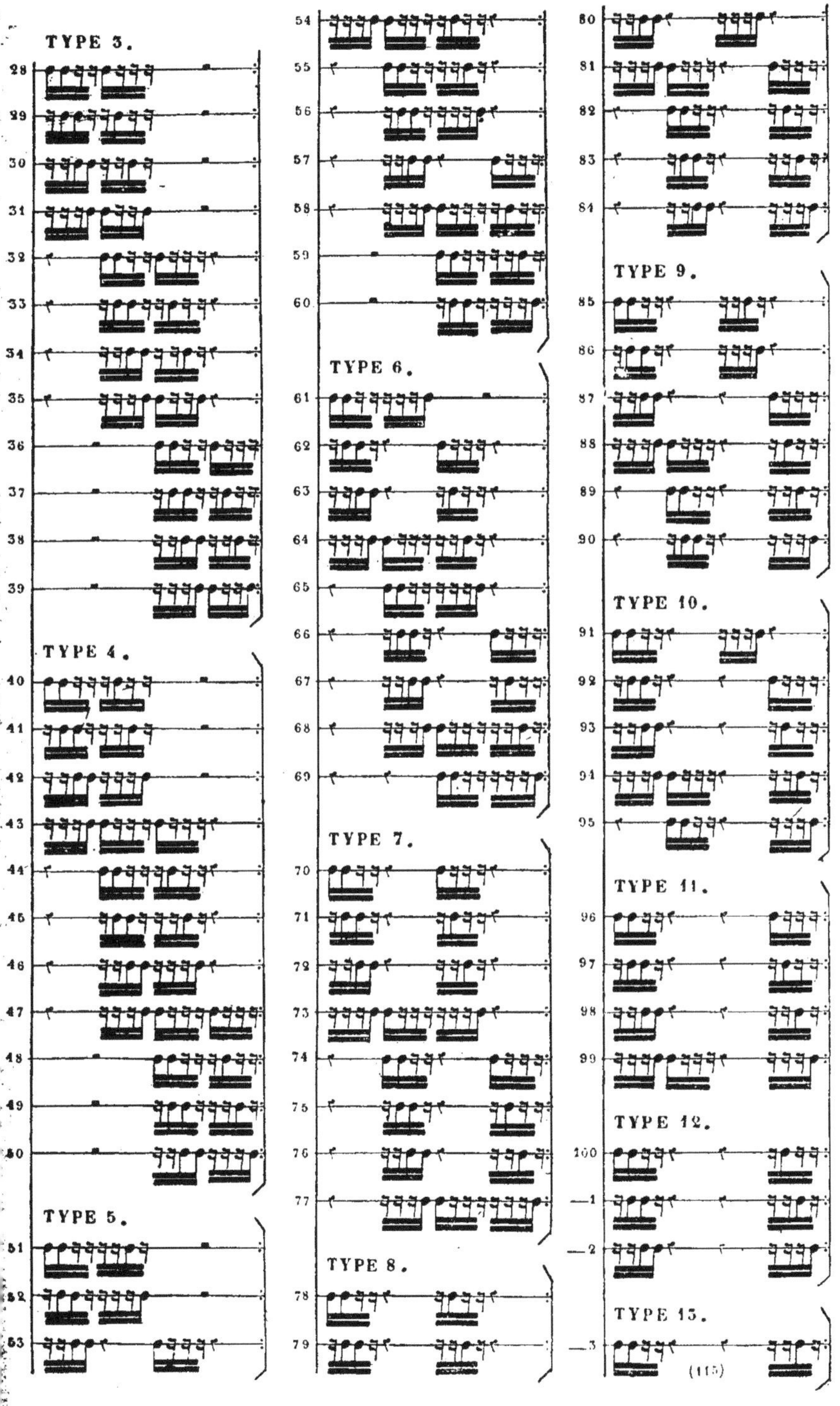

TYPE 3.

28
29
30
31
32
33
34
35
36
37
38
39

TYPE 4.

40
41
42
43
44
45
46
47
48
49
50

TYPE 5.

51
52
53

54
55
56
57
58
59
60

TYPE 6.

61
62
63
64
65
66
67
68
69

TYPE 7.

70
71
72
73
74
75
76
77

TYPE 8.

78
79

80
81
82
83
84

TYPE 9.

85
86
87
88
89
90

TYPE 10.

91
92
93
94
95

TYPE 11.

96
97
98
99

TYPE 12.

100
—1
—2

TYPE 13.

—3

(115)

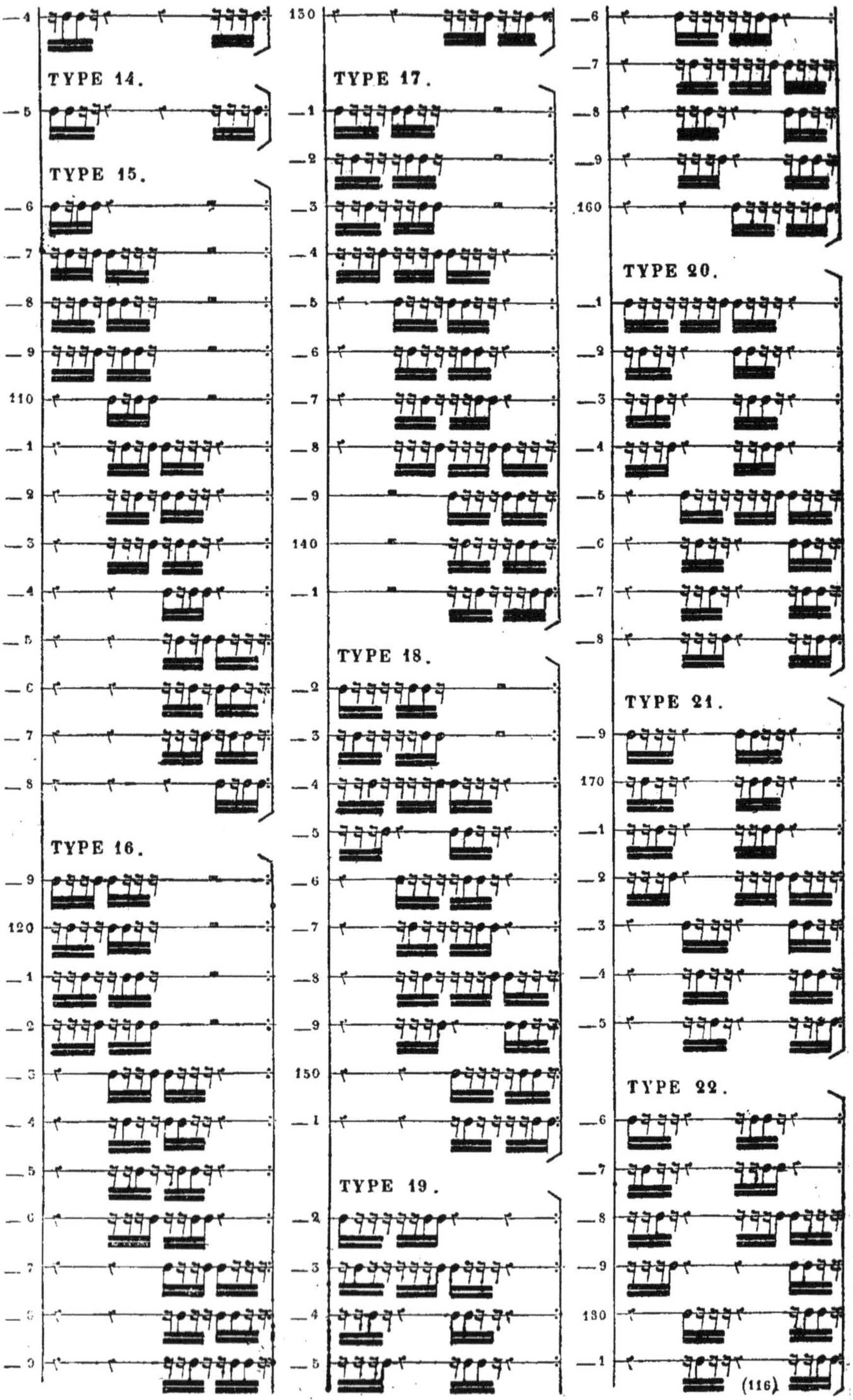

TYPE 14.

TYPE 15.

TYPE 16.

TYPE 17.

TYPE 18.

TYPE 19.

TYPE 20.

TYPE 21.

TYPE 22.

(116)

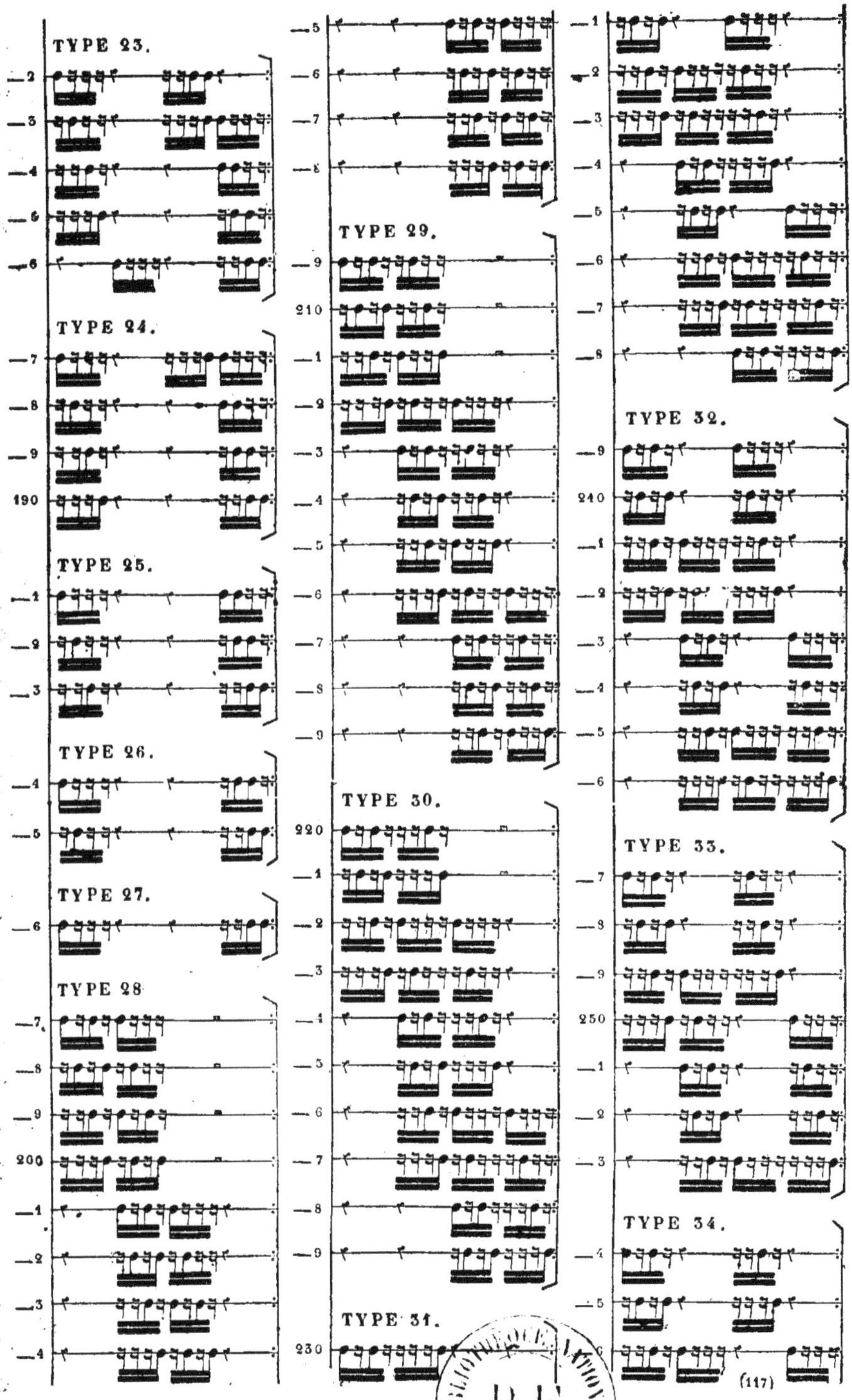

TYPE 23.

— 2
— 3
— 4
— 6
— 6

TYPE 24.

— 7
— 8
— 9
190

TYPE 25.

— 1
— 2
— 3

TYPE 26.

— 4
— 5

TYPE 27.

— 6

TYPE 28

— 7
— 8
— 9
200
— 1
— 2
— 3
— 4

— 5
— 6
— 7
— 8

TYPE 29.

— 9
210
— 1
— 2
— 3
— 4
— 5
— 6
— 7
— 8
— 9

TYPE 30.

220
— 1
— 2
— 3
— 4
— 5
— 6
— 7
— 8
— 9

TYPE 31.

230

— 1
— 2
— 3
— 4
— 5
— 6
— 7
— 8

TYPE 32.

240
— 1
— 2
— 3
— 4
— 5
— 6

TYPE 33.

— 7
— 8
— 9
250
— 1
— 2
— 3

TYPE 34.

— 4
— 5
— 6

(117)

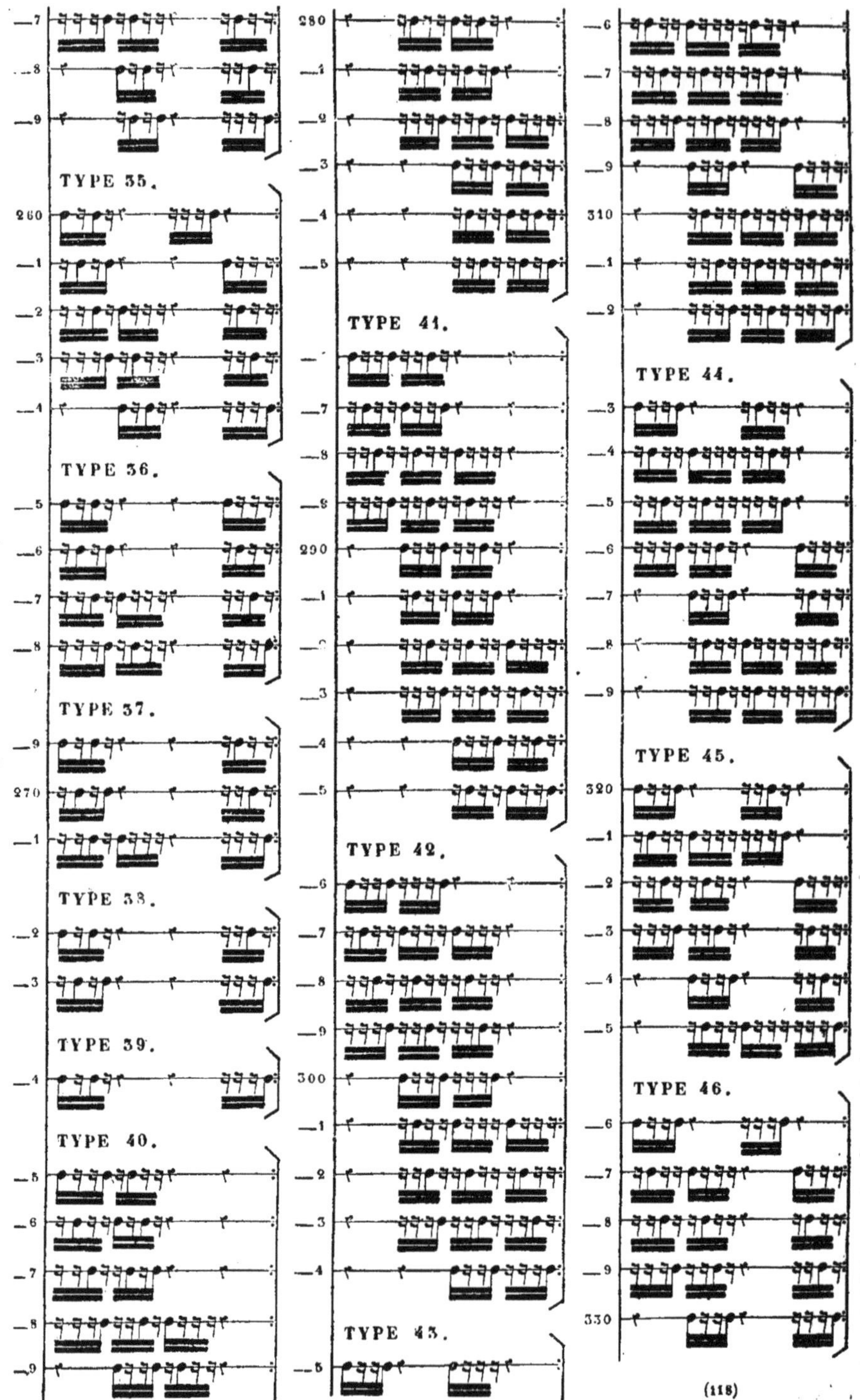
TYPE 35.
TYPE 36.
TYPE 37.
TYPE 38.
TYPE 39.
TYPE 40.
TYPE 41.
TYPE 42.
TYPE 43.
TYPE 44.
TYPE 45.
TYPE 46.
(118)

TYPE 47.

—1
—2
—3
—4

TYPE 48.

—5
—6
—7

TYPE 49.

—8
—9

TYPE 50.

340

TYPE 51.

—1
—2
—3
—4
—5
—6
—7
—8
—9
350

TYPE 52.

—1
—2
—3

—4
—5
—6
—7
—8
—9

TYPE 53.

360
—1
—2
—3
—4
—5
—6
—7

TYPE 54.

—8
—9
370
—1
—2
—3
—4

TYPE 55.

—5
—6
—7
—8
—9

380

TYPE 56.

—1
—2
—3
—4
—5

TYPE 57.

—6
—7
—8
—9

TYPE 58.

390
—1
—2

TYPE 59.

—3
—4

TYPE 60.

—5

TYPE 61.

—6
—7
—8
—9
400
—1
—2

TYPE 62.

TYPE 63

TYPE 64.

TYPE 65.

TYPE 66.

TYPE 67.

TYPE 68.

TYPE 69.

TYPE 70.

TYPE 71.

TYPE 72.

TYPE 73.

TYPE 74.

TYPE 75.

TYPE 76.

(120)

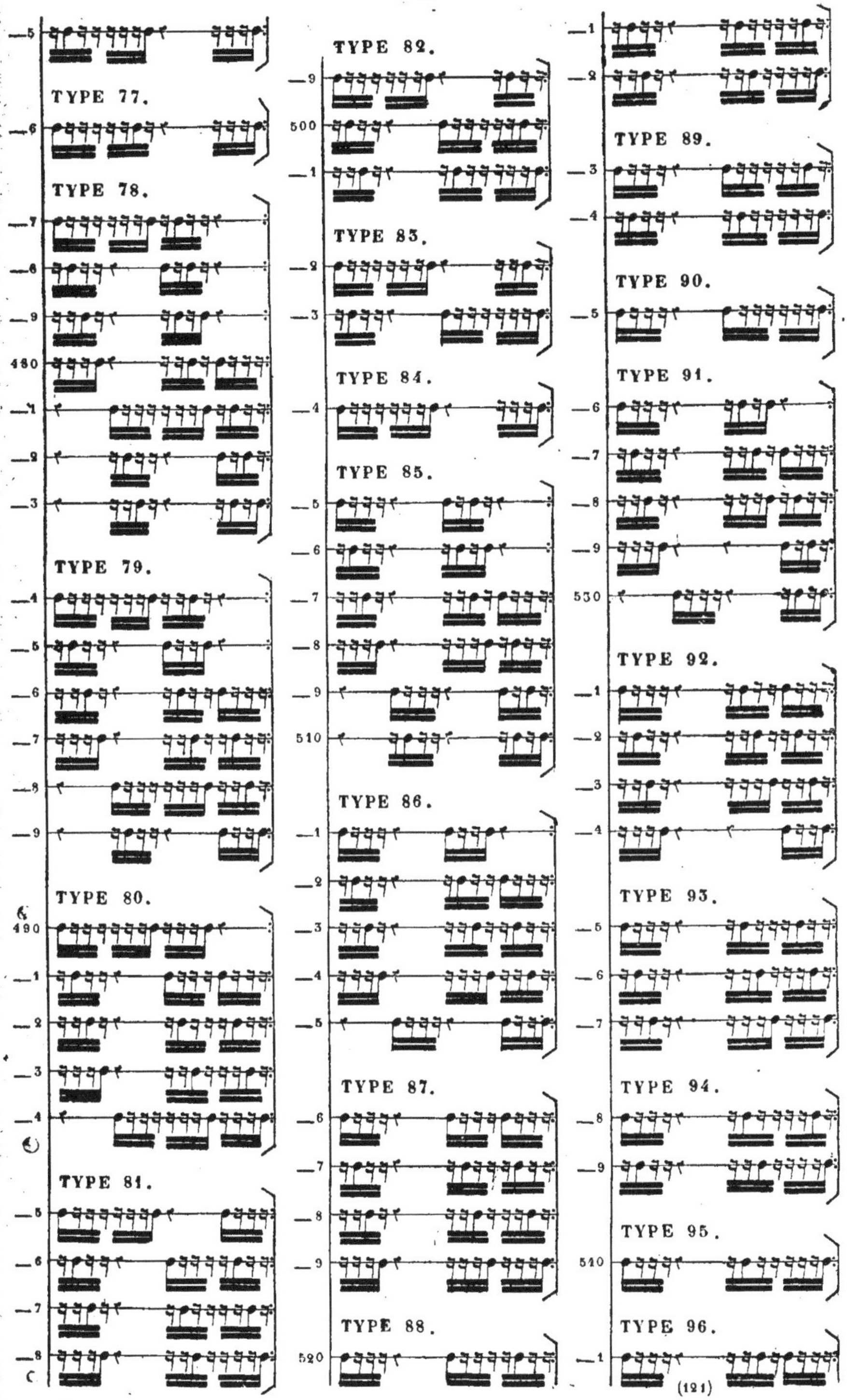

TYPE 77.

TYPE 78.

TYPE 79.

TYPE 80.

TYPE 81.

TYPE 82.

TYPE 83.

TYPE 84.

TYPE 85.

TYPE 86.

TYPE 87.

TYPE 88.

TYPE 89.

TYPE 90.

TYPE 91.

TYPE 92.

TYPE 93.

TYPE 94.

TYPE 95.

TYPE 96.

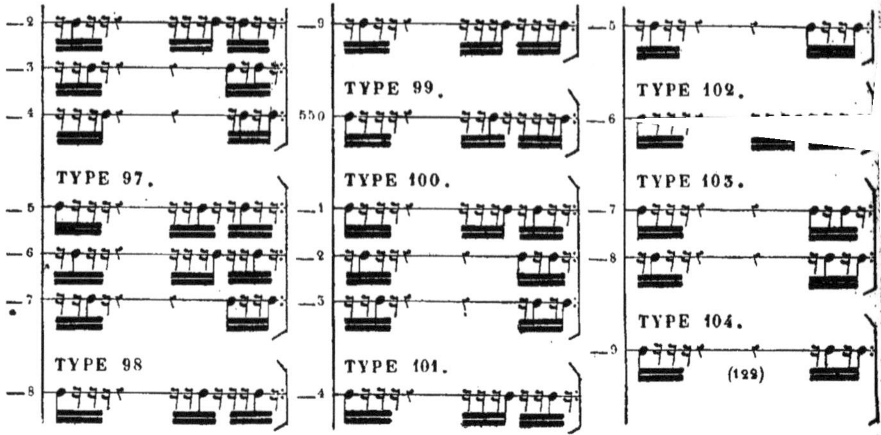

EXERCICE COMPLÉMENTAIRE SUR LA DOUBLE-CROCHE.

Dans ce qui suit, l'articulation, réglée en vue des instruments, sera cependant simulée par les voix, autant du moins que pourra le permettre la prononciation des notes ou syllabes gammiques, conformément aux observations antérieures (V. p. 32.)

ÉTUDE 21.   (*Articulation*).

Voici un spécimen de quelques-unes des articulations par lesquelles on peut modifier une succession basée sur la double-croche, le point d'articulation et le coulé; il peut fournir l'objet d'un excellent travail instrumental, vocal au besoin.

Dans ce dernier cas, on attaque par *la*, chaque note détachée et la première note de chaque groupe régi par le coulé; le reste se vocalise, ainsi qu'on le voit figuré dans ce qui suit (vers. 1-3):

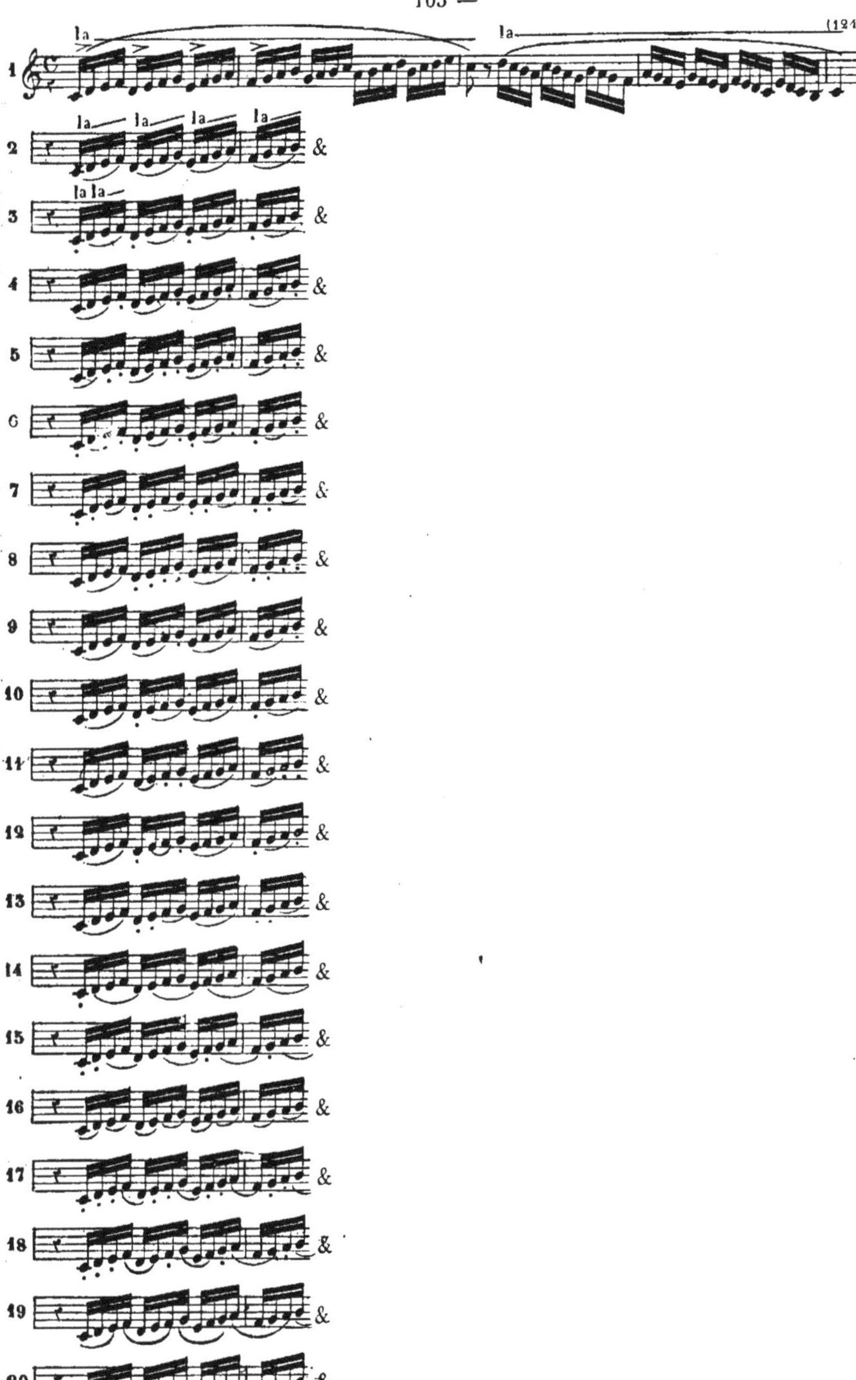

ÉTUDE 22. (*Trémolo*).

Dans le sens le plus général, *trémolo* (tremblé) signifie répétition très-serrée de la même note ; mais cette expression élastique ne précise rien des quantités variables qui se constituent, ce que l'on constate facilement dans les orchestre où ces mêmes quantités varient souvent d'un exécutant à l'autre. Méthodiquement, peut-être serait-il préférable de faire remonter son point de départ jusqu'au premier sous-multiple de l'unité de temps, c'est-à-dire jusqu'à la croche qui en est l'expression la plus simple dans la mesure-mère ou carrée. Du reste, la durée de la croche elle-même n'a rien d'absolu, dès qu'on peut la réduire ou l'augmenter en précipitant ou retenant la mesure, elle peut conséquemment descendre au niveau de la double-croche et plus encore.

Le trémolo est spécial aux instruments à archets, à claviers et aux instruments à six pistons. Dans une limite moindre, il est encore praticable sur la flûte et sur quelques instruments aigus de la famille des cuivres, mais à peu près impossible pour les voix avec les syllabes de la gamme. Néanmoins on peut y pourvoir en remplaçant cette nomenclature gênante par une couple de syllabes alternativement répétées. Ces deux syllabes, composées d'une ou deux lettres, doivent être sonores et de prononciation facile, comme *a le, o, ne, ma, ne*, etc. On peut, à volonté, commencer et surtout terminer le trémolo par l'une des deux, mais en conservant, autant que possible, le même ordre pour les trémolo suivants, ainsi qu'on le voit ci-dessous, exercice proposé avec *ma ne*, dont, par abréviation on n'indique cependant que les premières lettres (m n) à partir de la seconde portée.

Pour les instruments à vent, l'articulation doit être légère et la langue toujours proche de l'embouchure.

.(126

ÉTUDE 23. *(Chromatisme)*.

Le chromatisme, assez facile sur la plupart des instruments, ne l'est pas au même degré pour les voix, ce qui n'est cependant pas une raison d'en supprimer l'étude, surtout lorsque le mouvement de la mesure reste facultatif.

L'articulation a ici les instruments pour objet, mais les voix devront la simuler, autant du moins que la prononciation des notes pourra le permettre, ainsi qu'on l'a dit page 32.

ÉTUDE 24. (*Ornement*)

Dans les limites élémentaires du solfége, toute note graphiquement **moins grosse** que les autres se nomme ornement, petite note ou note **de goût**, parce que le goût en régit le plus ordinairement la durée.

L'ornement est simple, double, triple, ou formé d'une, deux, trois petites notes (*a-c*) :

Il appartient, en général, à la note d'appui, c'est-à-dire à la grosse note qui le suit immédiatement, et à laquelle il emprunte sa durée : ainsi, A se lirait comme en B, sauf le cas où l'on écrirait intentionnellement le contraire en grosses notes, comme en C où l'ornement est pris sur la durée de la note qui la précède :

Dans la solmisation, et lorsqu'il est écrit en petites notes, on le **vocalise** : sa note d'appui est seule prononcée.

L'ornement simple est long ou bref. Dans le premier cas on l'écrit **avec une** valeur correspondante à la durée voulue ; dans le second on l'exprime **par une** croche-barrée, équivalant plus ou moins à une double-croche : D-G se liraient comme en *d-g* :

L'ornement double et triple sont toujours plus ou moins brefs, selon que la mesure est elle-même plus ou moins vive.

Lorsque l'ornement triple est laissé à la discrétion de l'exécutant, on l'indique assez fréquemment par un *s* couché (∾) et on l'interprète à volonté. Cette liberté laisse trop de marge à la fantaisie : Il pourrait se lire de huit manières différentes (1-8), bien cependant que la version 4 soit la plus généralement pratiquée :

Les notes extrêmes de l'ornement (la note supérieure et la note inférieure) peuvent se modifier par l'accidentation, ce dont on prévient l'exécutant en plaçant l'accident au-dessus du signe (∿) pour la note supérieure, au-dessous pour la note inférieure, au-dessus et au-dessous pour la réunion des deux cas : H-J se liraient comme en *h-j* :

Dans les masses, cette économique abréviation devrait toujours se remplacer par la notation mesurée. Dans le cas contraire, ce serait aux exécutants, à y pourvoir en réglant conventionnellement et par avance son mode d'exécution.

L'ornement simple est pratiquement connu sous le nom d'*appoggiature* * et les deux autres sous le nom de *grupetti*.

En bon style, l'ornement s'accentue généralement dans la première note, surtout lorsqu'il n'appartient pas à l'abréviation précitée : K-O se lirait comme *k-o* :

---

* Ce qui pour les harmonistes n'est pas rigoureusement exact, car l'ornement simple affecte souvent la broderie, la note passagère et même le *fond*.

K
L
M
N
O
k
l
m
n
o
Exercices sur l'ornement.
(96= ♩) Mod.to
(112= ♩) All.tto
(134)

(152=♩) Lento.
(50=♩) Mod.to
P
P
P
Q
Q
(135)

Entre plusieurs] versions possibles, pour l'exécution des groupes ci-dessus (P, Q, R et leurs reproductions) les préférables, à notre avis du moins, seraient *p* pour P, *q* pour Q, *r* pour R :

EXERCICES

LECTURE NOMINALE DES NOTES ÉCRITES EN CLÉ DE FA 4ᵉ

Pour cette lecture, que l'on renouvellera autant qu'il en sera besoin, on procédera comme pour la clé de *sol* (p. 5).

Etude
monorhythme,
complément
du précédent
exercice.
Mouv! ad lib:
Etude
polyrhythme.
Style
scolastique.
Canone.
Mouv! ad lib:
(139)

1
de
76 = ♩
120 = ♩
Mouv.t facultatif.
(140)

15

2
72 = ♩
All⁰. mod.ᵗᵒ
fp   fp   fp   &
&
ff
(142)

3
(66= ♩.)
Mouvt de valse.
p
(145)

p
p
p
p
p
cres _ _ _
f
f
dim _ _ _ _ _ _ _ (144)

4
96 = ♪)   Mouvt de marche
f
f
fz
fz
p
fz
fz
cres
f
fz
fz
fz

fz
fz
p
fz
p
fz
p
p
dim - - - -
6
(72=♩) All.º mod.ᵗᵒ
f
fz
f
fz
fz
&
fz
&
fz
fz
fz
fz
fz
fz
(147)

7
(46 = ♪.) Lento
(119)
16

(150)

8
(126 = ♪)
Allᵗᵗᵒ scherzando.
(151)

fz
fz
f
f.
(152)

9
(69 = ♩) All⁰ mod.to
f
fz
fz
fz
f
stacc.
stacc.
cres.
cres.
p
fp
fp
fp
fp
fp
fp
f
f
f
f
f
p
p
cres
f
p
cres.
fz
f
fz
fz
fz
fz
fz
p
p
cresc.
fz
f
fz
fz
(155)

(153)

10
(132= ♩) Presto scherzando.
p
sempre stacc.
sempre stacc.
p
f
f
p.
p
p
f
f
dim
p
p
Tempo.
p
(155)

cres.
ff
ff
dim.
p
p
f
f
dim.
p
p
f.
f
dim.
(156)

* Cette réponse est intentionnellement irrégulière.

un poco riten.
un poco riten.
(158)

TABLE DES MATIÈRES

Paris. — Imp. Jules Le Clerc et Cie, rue Cassette, 26.

9 782329 583877